Inhaltsverzeichnis

Schreckenerregende Steinzeit

Brauchtum: Großartige Grabesgaben 9
Erfindungen: Musikalische Steinzeitmenschen 10
Geografie: Unterwassermammuts?! 11
Medizin: Von Stockrosen und Tattoos 12
Höhlenmalerei: Kuriose Kunstwerke 13
Erfindungen: Klein, aber oho! 14
Wohnen: Fakt vs. Fiktion 15
Ernährung: Fleisch, Fleisch und noch mehr Fleisch 16
Bevölkerung: Eiszeit versus Moderne 17
Körperpflege: Steinzeitliche Beautytipps 18
Das Mammut: Ein fantastisches Tierwesen 19
Das Riesenfaultier: Die Megafauna der Steinzeit 20
Medizin: „Gibt es in dieser Höhle einen Doktor?“ 21
Archäologie: Forschung aus der Luft 22
Natur: Wunderbäume 23

Inhaltsverzeichnis

Abenteuerliches Ägypten

Mumien: Macht durch Mumienstaub 24
Hieroglyphen: Seltsame Symbole 25
Pharaonen: Von Leibärzten und Sandalenträgern 26
Ramses II.: Ganz schön selbstverliebt 27
Erfindungen: Ägyptens kluge Köpfe 28
Medizin: Keine Sorge, ich bin altägyptischer Arzt! 29
Mode: Oh, Sie riechen aber gut! 30
Mythologie: Einer tanzt aus der Reihe 31
Der Nil: Das Schwarze Land 32
Kleopatra: Schön und schlau! 33
Das Zeitalter: Unglaubliche Zeitspannen 34
Pyramiden: Kuriose Inschrift 35
Mythologie: 1 001 Götter 36
Mumien: Besondere Geschenke 37
Mythologie: Außergewöhnliche Heilige 38
Sphinx: Rätselhafte Statue 39
Pharaonen: Pharao Mykerinos und seine „winzige“ Pyramide 40
Religion: Von Hohepriestern und weniger hohen Priestern . 41
Tutanchamun: Eine Berühmtheit unter den Pharaonen. . . . 42

Auer

Sekundarstufe I

Julia Hoffmann

111 Funfacts für den GESCHICHTSUNTERRICHT 5–7

Spannende, kuriose und witzige Fakten zu den zentralen Lehrplanthemen

Krokodil- und Pavianmumien aus dem Alten Ägypten? Ratten vor mittelalterlichen Gerichten? Unglaublich, aber wahr! Erleben Sie Geschichte mal anders!

Bisher lief die Stunde so gut, doch plötzlich droht eine Flaute – Sie merken, wie die Motivation der Klasse schwindet und immer mehr Schüler*innen langsam abschweifen. Sie werfen einen Blick ins Schulbuch, doch irgendwie fehlt das gewisse Etwas, um den Schüler*innen das Thema wieder schmackhaft zu machen.
Das kennen Sie sicher. Doch ab jetzt können Sie ruhig und entspannt bleiben, denn Sie haben unsere spannenden, witzigen und skurrilen Funfacts in der Tasche! Mit diesen 111 Fakten haben Sie wirklich für jede Situation die passende Story zur Hand, um Ihre Schüler*innen wieder abzuholen und für das aktuelle Thema zu begeistern. Die 111 Funfacts bieten Ihnen aber noch viel mehr Einsatzmöglichkeiten: Vom spannenden Aufhänger als Stundeneinstieg, über die witzige Auflockerung einer zähen Unterrichtseinheit, bis hin zur kleinen Belohnung am Ende der Stunde ist alles dabei. Und auch privat glänzen Sie mit diesem Bonuswissen über Ihr Fachgebiet – als witziger Gesprächseinstieg oder spannende Anekdote.
Die Funfact-Karten sind ansprechend illustriert, decken lehrplanrelevante Epochen der Klassen 5–7 ab und sind sofort einsetzbar. So überraschen Sie Ihre Schüler*innen mit spannendem Wissen und wecken ihr Interesse am Fach Geschichte ganz neu. Und wer weiß? Vielleicht sind ja auch Sie immer wieder aufs Neue überrascht!

Die Themen:
Schreckenerregende Steinzeit | Abenteuerliches Ägypten | Glorreiches Griechenland | Ruhmreiches Rom | Mächtiges Mittelalter

Immer besser unterrichten

ISBN 978-3-403-08546-1

www.auer-verlag.de

Sekundarstufe I

Julia Hoffmann

111 Funfacts für den GESCHICHTSUNTERRICHT 5–7

WANTED

Spannende, kuriose und witzige Fakten zu den zentralen Lehrplanthemen

Wir haben uns für die Schreibweise mit dem Sternchen entschieden, damit sich Frauen, Männer und alle Menschen, die sich anders bezeichnen, gleichermaßen angesprochen fühlen. Aus Gründen der besseren Lesbarkeit für die Schüler*innen verwenden wir in den Kopiervorlagen das generische Maskulinum.
Bitte beachten Sie jedoch, dass wir in Fremdtexten anderer Rechtegeber*innen die Schreibweise der Originaltexte belassen mussten.
In diesem Werk sind nach dem MarkenG geschützte Marken und sonstige Kennzeichen für eine bessere Lesbarkeit nicht besonders kenntlich gemacht. Es kann also aus dem Fehlen eines entsprechenden Hinweises nicht geschlossen werden, dass es sich um einen freien Warennamen handelt.

1. Auflage 2021

Autor*innen: Julia Hoffmann
Coverillustration: Carla Miller
Illustrationen: Carla Miller
Satz: fotosatz griesheim GmbH
Druck und Bindung: Offset Printing House KOPA
ISBN 978-3-403-**08546**-1
www.auer-verlag.de

Inhaltsverzeichnis

Glorreiches Griechenland

Die Olympischen Spiele: Ein Spaß für die ganze Familie? . . 43
Alexander der Große: Der verflixte Gordische Knoten 44
Griechische Lehnwörter: Aus der Antike direkt in den Duden 45
Die griechische Sprache: Von Gelehrten und Barbaren . . . 46
Griechische Gottheiten: Gewaltige Götter 47
Delphi: Der Mittelpunkt der Welt 48
Delphi: Rätselhaftes Orakel 49
Das Theater im antiken Griechenland: Der Traum vom Fliegen 50
Sparta: Hartes Leben 51
Alexander der Große: Kindheitserinnerungen 52
Essen im antiken Griechenland: Oh du köstliche Olive! . . . 53
Die Olympischen Spiele: Alle Kräfte 54
Griechische Tragödien: Ungewöhnlicher Todesfall 55
Griechische Mythologie: Überfahrt in die Unterwelt 56
Herkules: Wer andern eine Grube gräbt 57
Griechische Mythologie: Wie Himmel und Erde zusammenfanden 58
Wohnen im Alten Griechenland: Willkommen bei den Griechen! 59
Griechische Schönheitsideale: Schöne Beine 60
Atlantis: Die versunkene Stadt 61
Gesellschaft in der Antike: Zu Gast bei den alten Griechen . 62
Griechische Politiker: Drakonische Strafen 63
Bevölkerung im antiken Griechenland: Von Ameisen und Fröschen 64
Mädchen im antiken Griechenland: Eine Insel für die Reichen 65
Gesundheit im antiken Griechenland: Von Diäten und der richtigen Ernährungsweise 66
Erfindungen: Technik der Antike 67

Inhaltsverzeichnis

Ruhmreiches Rom

Kolosseum: Kolossales Bauwerk 68
Gladiatoren: Kämpfer-Vielfalt 69
Caligula: Cäsarenwahn?! 70
Alltag: Übler Gestank 71
Kolosseum: Das Vomitorium 72
Gladiatorenkämpfe: Brot und Spiele 73
Kolosseum: Eingang zur Hölle 74
Hannibal: Flusselefanten 75
Rom: Die Social-Media-Plattform der Römer 76
Schönheit: Beautytipps der Römer 77
Alltag: Das nicht so stille Örtchen 78
Alltag: Wein am Morgen vertreibt Kummer und Sorgen . . . 79
Kolosseum: Antike Lotterie 80
Berufe: Seltsame Tätigkeiten 81
Zeitrechnung: Variable Stunden 82
Kaiser und Könige: Gift! 83
Gladiatoren: Wundersame Körpersäfte 84
Soldaten: Gefürchtete Kämpfer 85
Mythologie: Grandiose Gottheiten 86
Essen: Römische Delikatesse 87
Mythologie: Der Gott mit den zwei Gesichtern 88
Die Auguren: Das Collegium Augurum 89
Mythologie: Götter des Alltags 90
Kriege: Asterix gegen die Römer – die wahre Geschichte . 91
Sprache: Altertümliche Redewendungen 92

Inhaltsverzeichnis

Mächtiges Mittelalter

Strafen: Kleine Sünden 93
Sprache: Narrenesel und Co. 94
Strafverfolgung: Anwalt der Kleinen 95
Burgen: Achteckiges Rätsel 96
Ritter: Auf zum Turnier 97
Wohnen: Dunkel, kalt und gefährlich! 98
Mode: Mittelalterliche High Heels 99
Medizin: Krankheiten und Heilmittel 100
Medizin: Von Medicus, Bader und Hebammen 101
Burgen: Beeindruckende Bauten 102
Medizin: Körpersaftlehre 103
Speisen: Zu Tisch im Mittelalter 104
Strafverfolgung: Tierische Täter 105
Luxusgüter: Leben in Saus und Braus 106
Adelige: Was das Mittelalter mit Bluetooth gemeinsam hat . 107
Burgen: Ganz schön kalt hier! 108
Bräuche: Oh du mittelalterliche Weihnachtszeit! 109
Gesellschaft: Skurrile Tode 110
Kindheit: Nur harte Arbeit? 111
Gesellschaft: Namenskunde 112
Gesetze: Kurioses aus dem Gesetzbuch 113
Sprache: Reihenweise Redewendungen 114
Sagen: Der Rattenfänger von Hameln 115
Erfindungen: Eine kleine Geschichte des Knopfs 116
Wikinger: Der Zwiebellook 117
Ritter: Vom mittelalterlichen Turnierplatz direkt in die neuzeitliche Militärkaserne 118
Mönche: Das Skriptorium 119

Vorwort

Liebe Kolleg*innen,

Sie kennen es sicher auch: Der Geschichtsunterricht zieht sich in die Länge, die Schüler*innen schweifen ab und Sie fragen sich, wie Sie die Klasse neu für das Thema begeistern können. Doch mit solchen Situationen ist jetzt Schluss! Mit diesen spannenden, witzigen und lehrreichen Funfacts begeistern Sie Ihre Schüler*innen immer wieder aufs Neue für das Fach Geschichte! Die Karten sind ansprechend illustriert, direkt einsetzbar und behandeln lehrplanrelevante Themen der Klasse 5–7.

Darüber hinaus bieten die Karten eine Vielfalt an Einsatzszenarien, wie z. B.

- das Vorlesen als Abrundung einer gelungenen Stunde;
- das Nacherzählen, um die Schüler*innen „abzuholen“ und wieder für das Thema zu motivieren;
- das Austeilen an besonders fleißige Schüler*innen am Ende einer Unterrichtseinheit;
- als Motivationsmittel beim Stundeneinstieg;
- und privat als nette Anekdote für das nächste Treffen mit Freunden und zum selbst Lesen und Entdecken – denn Geschichte war noch nie spannender!

Und jetzt – viel Spaß für Sie und Ihre Schüler*innen mit der folgenden riesigen Sammlung an skurrilen Geschichtsfakten. Ich bin mir sicher, auch Sie werden überrascht sein!

Brauchtum: Großartige Grabesgaben

Kennt ihr den Brauch, bei dem man Verstorbenen etwas ins Grab legt, was ihnen sehr wichtig war? Diesen Brauch gab es schon in der Steinzeit. Auch wenn damals die sogenannten Grabesgaben eher ausgefallen waren …

Man fand in den Gräbern nämlich nicht nur Blumen, Essen und Muscheln, sondern auch einen abgetrennten Arm, ein totes Baby und sogar einen toten Hund. Über die Gründe für diese Gaben weiß man leider sehr wenig. Vielleicht verlor der Mann im Kampf seinen Arm? Vielleicht sollte der Hund seinen Besitzer ins Jenseits begleiten? Um die rätselhaften Gegenstände ranken sich bis heute viele Theorien.

Sicher ist nur, dass schon die Menschen in der Steinzeit ihre eigenen Bräuche hatten – sowohl bei Bestattungen als auch in anderen Lebensbereichen.

Erfindungen: Musikalische Steinzeitmenschen

Habt ihr in der Grundschule auch das Flötespielen gelernt? Dann seid ihr nicht die Einzigen, denn die Flöte gibt es schon eine lange, lange, lange Zeit!

Um genau zu sein, schon seit etwa 35 000 bis 40 000 Jahren!
Stellt euch mal vor, wie viele Kinder vor euch schon die Flöte lernen mussten!

Tatsächlich ist die Flöte eine Erfindung der Steinzeit. Die älteste Flöte, die man bisher gefunden hat, wurde aus Vogelknochen gefertigt. Und einige steinzeitliche Flöten wurden aus Elfenbein geschnitzt!

Heute geht man davon aus, dass die Musik eine wichtige Rolle im Leben der Steinzeitmenschen spielte. Sie förderte den Zusammenhalt und das gemeinschaftliche Leben der Steinzeitmenschen.

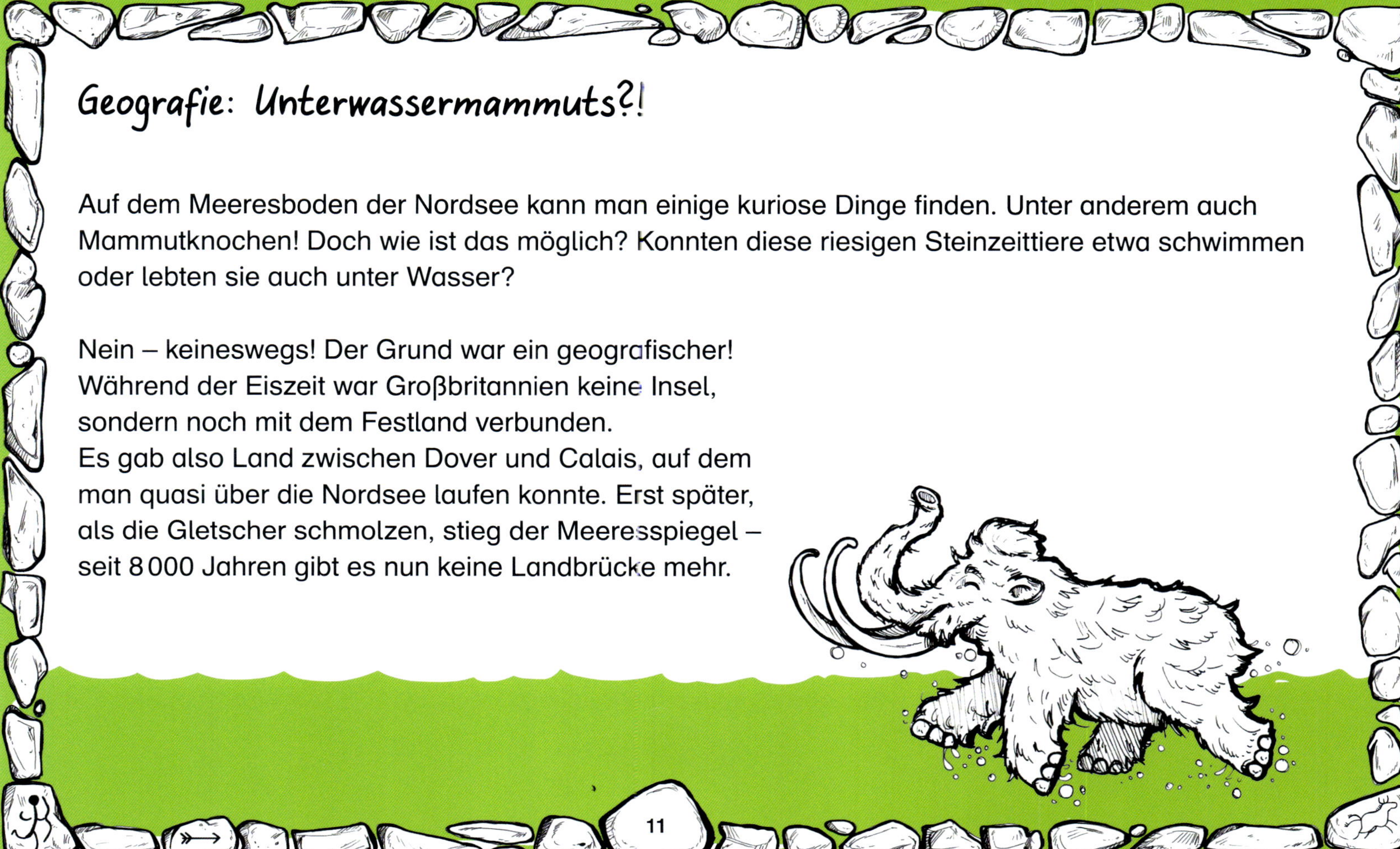

Geografie: Unterwassermammuts?!

Auf dem Meeresboden der Nordsee kann man einige kuriose Dinge finden. Unter anderem auch Mammutknochen! Doch wie ist das möglich? Konnten diese riesigen Steinzeittiere etwa schwimmen oder lebten sie auch unter Wasser?

Nein – keineswegs! Der Grund war ein geografischer!
Während der Eiszeit war Großbritannien keine Insel, sondern noch mit dem Festland verbunden.
Es gab also Land zwischen Dover und Calais, auf dem man quasi über die Nordsee laufen konnte. Erst später, als die Gletscher schmolzen, stieg der Meeresspiegel – seit 8 000 Jahren gibt es nun keine Landbrücke mehr.

Medizin: Von Stockrosen und Tattoos

Schon in der Steinzeit litten die Menschen an Zahnschmerzen und anderen Beschwerden. Doch damals ging man anders damit um als heute!

Zunächst einmal eine recht logische Anwendung: Gegen Zahnschmerzen nutzte man Stockrosen. Das ist vor allem interessant, weil die Blüten auch heute noch benutzt werden – und zwar als natürliches Mittel bei Zahnschmerzen und Entzündungen im Mund. Hier waren die Steinzeitmenschen also ganz schön fortschrittlich!

Eine weitere Heilpraktik scheinen Tattoos gewesen zu sein: Auf dem Körper der 5300 Jahre alten Gletschermumie „Ötzi" fand man ganze 61 Tattoos! Die Tattoos sind alle sehr schlicht und viele sind von Kleidungsstücken bedeckt. Daher gehen Forscher davon aus, dass die Tattoos als Heilmittel gegen Schmerzen gestochen wurden. Auch heute noch nutzt man eine ähnliche Therapie bei verschiedenen Schmerzen: die Akkupunktur.

Höhlenmalerei: Kuriose Kunstwerke

In der Steinzeit war die Höhlenmalerei sehr beliebt. Bekannte Motive sind Wildpferde, Bären und viele andere Tierarten. Aber es gab auch noch ein anderes wichtiges Motiv: die Handnegative. Doch was ist das eigentlich?

Dazu legte man zunächst seine Hand auf den Stein. Dann nahm man Farbe in den Mund oder füllte sie in ein Blasrohr und sprühte sie so über die Hand – so schaffte man einen Abdruck für die Ewigkeit.

Wozu diese Handabdrücke gemacht wurden, ist bis heute leider nicht eindeutig geklärt. Einige Forscher vermuten, dass sie als Orientierungshilfen in den Höhlenlabyrinthen dienen sollten. Andere denken, dass es sich um eine Art persönliche Unterschrift handeln könnte.

Die Höhlenmalerei gibt es schon richtig lange. Bereits vor über 30 000 Jahren wurden die ersten Höhlenkunstwerke angefertigt.

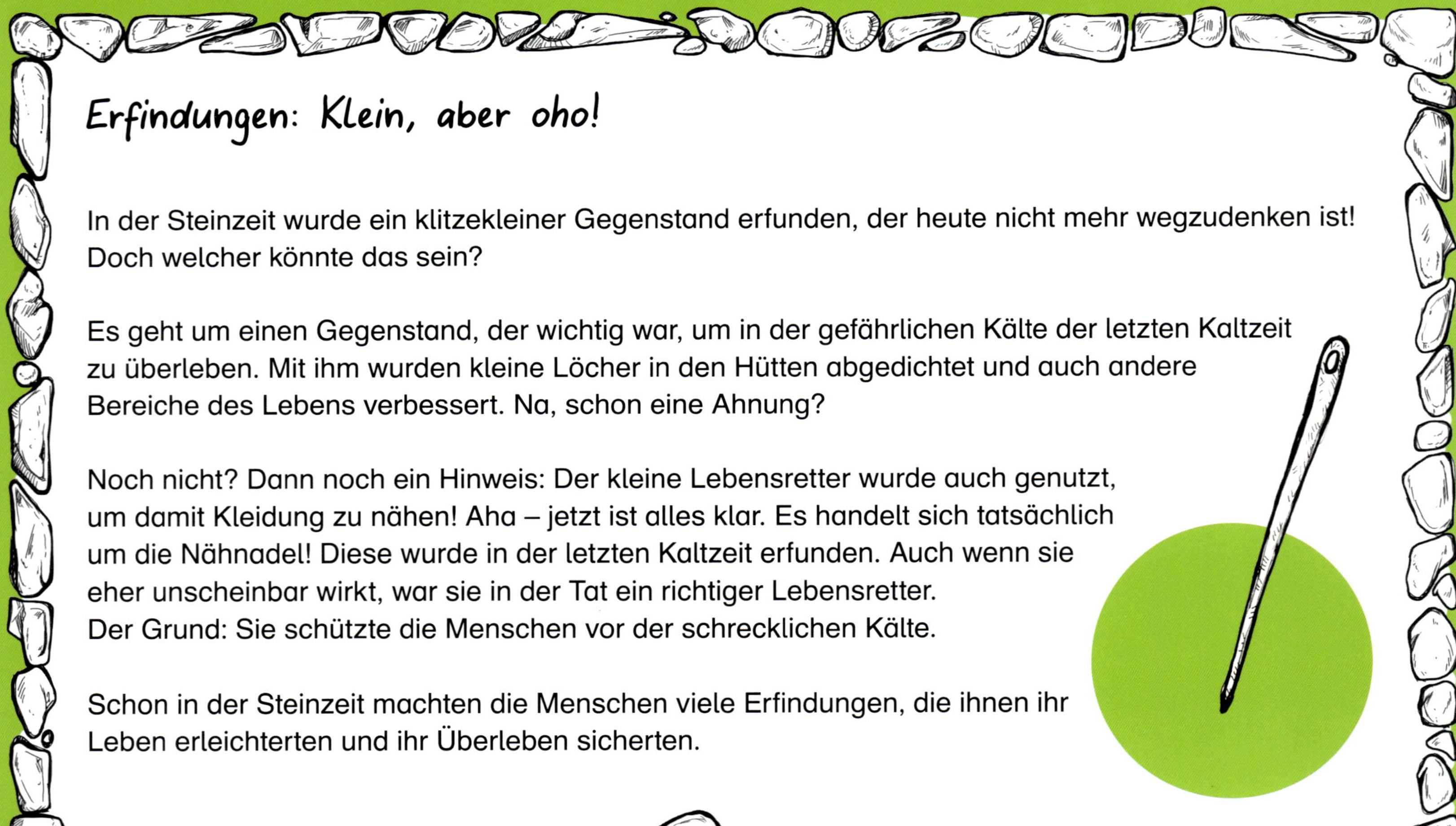

Erfindungen: Klein, aber oho!

In der Steinzeit wurde ein klitzekleiner Gegenstand erfunden, der heute nicht mehr wegzudenken ist! Doch welcher könnte das sein?

Es geht um einen Gegenstand, der wichtig war, um in der gefährlichen Kälte der letzten Kaltzeit zu überleben. Mit ihm wurden kleine Löcher in den Hütten abgedichtet und auch andere Bereiche des Lebens verbessert. Na, schon eine Ahnung?

Noch nicht? Dann noch ein Hinweis: Der kleine Lebensretter wurde auch genutzt, um damit Kleidung zu nähen! Aha – jetzt ist alles klar. Es handelt sich tatsächlich um die Nähnadel! Diese wurde in der letzten Kaltzeit erfunden. Auch wenn sie eher unscheinbar wirkt, war sie in der Tat ein richtiger Lebensretter. Der Grund: Sie schützte die Menschen vor der schrecklichen Kälte.

Schon in der Steinzeit machten die Menschen viele Erfindungen, die ihnen ihr Leben erleichterten und ihr Überleben sicherten.

Wohnen: Fakt vs. Fiktion

Man verbindet das Leben in der Steinzeit oft mit dunklen und kalten Höhlen – doch die Wirklichkeit sah ganz anders aus!

Im Winter lebten die meisten Steinzeitmenschen in Hütten aus Holz oder Tierknochen. Im Sommer nutzten sie faltbare Zelte aus Tierfellen – diese konnten sie schnell zusammenräumen und mit auf große Wanderungen nehmen. Mit diesen Zelten folgten sie den großen Tierherden, um diese zu jagen. Höhlen dienten wohl eher zum Schutz und als Übergangslösungen. Dabei war es auch wichtig, dass man sich nur im Eingangsbereich der Höhle aufhielt, denn vor allem im Winter lauerten Gefahren in den Tiefen der Höhle!

Daran sieht man, dass vieles, was wir heute über die Steinzeit glauben, so gar nicht stattgefunden hat – vieles sind nur Vermutungen!

Ernährung: Fleisch, Fleisch und noch mehr Fleisch

Um in der Steinzeit zu überleben, musste man stark und kräftig sein. Dies wirkte sich vor allem auf die Ernährung aus – die übrigens fast nur aus Fleisch bestand.

Ein Steinzeitmensch benötigte circa 5 000 Kalorien pro Tag – das ist etwa doppelt so viel, wie ein durchschnittlicher Mensch heute braucht! Das meiste davon nahmen die Menschen in der Steinzeit über Fett und Fleisch zu sich. Das bedeutet, dass ein normaler Steinzeitmensch jeden Tag etwa zwei Kilogramm Rentier- oder Mammutfleisch essen musste. Davon könnte sich heute eine ganze Familie mehrere Tage ernähren!

Übrigens gab es damals auch kaum Abwechslung: Der Speiseplan bestand fast nur aus Fleisch. Nur im Sommer gab es dann auch mal ein paar Wurzeln, Beeren und Flechten. Echt eintönig, oder? Jedoch ist dieser steinzeitliche Ernährungstrend heute wieder sehr beliebt: Viele Menschen schwören heutzutage wieder auf die Steinzeit-Ernährung mit viel Fleisch, Gemüse, Nüssen und Samen.

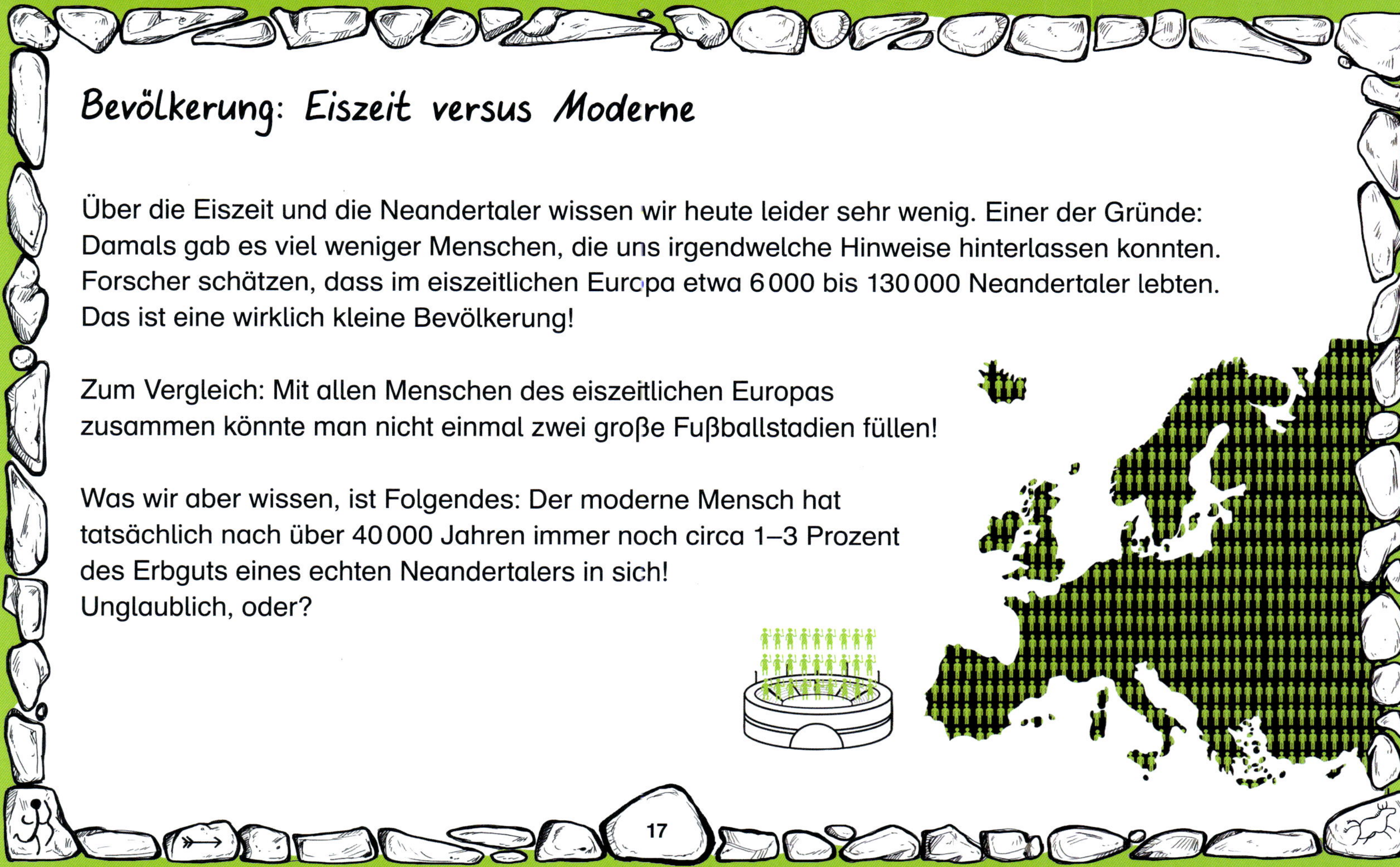

Bevölkerung: Eiszeit versus Moderne

Über die Eiszeit und die Neandertaler wissen wir heute leider sehr wenig. Einer der Gründe: Damals gab es viel weniger Menschen, die uns irgendwelche Hinweise hinterlassen konnten. Forscher schätzen, dass im eiszeitlichen Europa etwa 6 000 bis 130 000 Neandertaler lebten. Das ist eine wirklich kleine Bevölkerung!

Zum Vergleich: Mit allen Menschen des eiszeitlichen Europas zusammen könnte man nicht einmal zwei große Fußballstadien füllen!

Was wir aber wissen, ist Folgendes: Der moderne Mensch hat tatsächlich nach über 40 000 Jahren immer noch circa 1–3 Prozent des Erbguts eines echten Neandertalers in sich! Unglaublich, oder?

Körperpflege: Steinzeitliche Beautytipps

Schon in der Steinzeit war den Menschen ihr Aussehen wichtig. Forscher fanden bei Ausgrabungen nicht nur steinzeitlichen Schmuck, sondern auch Schminkutensilien.

Der Schmuck bestand vor allem aus Knochen und Muscheln. Für die Schminke wurde die rote Farbe genutzt, die man auch für Höhlenmalereien verwendete. Das ist ungefähr so, als ob wir unsere Wände streichen würden – und den Rest der Farbe ganz praktisch als Make-up weiterverwenden würden – spitze, oder?

Und hier noch ein kleiner Tipp aus der Steinzeit für schöne Haare: Um ihr Haar zu pflegen und vor Läusen zu schützen, entwickelten die Steinzeitmenschen nämlich eine spezielle Haarkur. Aber Achtung – Ausprobieren auf eigene Gefahr: Bei der Haarkur handelte es sich um die Säure von roten Waldameisen! Da juckt es einen ja schon beim bloßen Gedanken daran am Kopf!

Das Mammut: Ein fantastisches Tierwesen

Von Mammuts – den Vorfahren unserer Elefanten – habt ihr sicher alle schon mal gehört! Aber wusstet ihr auch über diese zwei Fakten Bescheid?

Einer Theorie zufolge stammt der Name des Mammuts aus dem Sibirischen. Danach setzt er sich aus zwei Bestandteilen zusammen – nämlich „Ma" und „Mut". Dabei steht „Ma" für „Erde" und „Mut" bedeutet „Maulwurf" oder „Ratte". Mammut heißt nach dieser Theorie also wörtlich übersetzt „Erdmaulwurf". Das könnte daran liegen, dass Mammutknochen immer nur aus der Erde ausgegraben wurden und keiner wusste, um welches Tier es sich handeln könnte.

Die letzten Mammuts lebten noch bis um 1800 vor Christus. Warum die Mammuts ausstarben, ist nicht genau geklärt. Eine Theorie ist, dass sie die Klimaveränderungen nicht überlebten, eine andere besagt, dass der Mensch sie ausgerottet hat.

Das Riesenfaultier: Die Megafauna der Steinzeit

Die Tiere der Steinzeit waren vor allem eines: sehr, sehr groß! Mammuts und Säbelzahntiger kennt ihr bestimmt schon, aber was ist mit diesem Steinzeittier:

Die Rede ist vom Riesenfaultier! Ja, richtig gelesen: Riesenfaultiere! Über diese rätselhaften Riesen ist heute leider wenig bekannt. Sie lebten in Nord- und Südamerika. Es wird vermutet, dass die Tiere etwa 5 Tonnen wogen und mehrere Meter groß waren. Außerdem gingen sie auf zwei Beinen, weil sie im Gegensatz zu den heutigen Faultieren viel zu schwer waren, um sich längere Zeit auf Bäumen aufzuhalten.

Hmm … Mammuts, Säbelzahntiger und Riesenfaultiere also … komisch, irgendwie kommt einem diese Konstellation doch bekannt vor, oder?

Medizin: „Gibt es in dieser Höhle einen Doktor?"

Anders als vielleicht erwartet, gab es schon in der Steinzeit eine Art steinzeitlichen Doktor – leider auch mit steinzeitlichen Methoden. Eine besonders schlimme Methode wartete auf Patienten mit Kopfschmerzen:

Um diese zu lindern, wurde dem Patienten nämlich einfach ein Loch in den Kopf gebohrt. Der Arzt beseitigte dabei mit einem scharfen Stein ein bisschen Kopfhaut und drehte dann einen spitzen Stein in den Kopf, um ein kleines Loch zu bilden. So wollte man die bösen Geister herauslassen, die im Kopf umherspukten und die Kopfschmerzen verursachten. Wie ihr sicher schon vermutet, überlebten nur die wenigsten diese Operation.

Wie hier zu sehen ist, führten in der Steinzeit tatsächlich die meisten Krankheiten und Verletzungen zu einem frühen Tod. Das lag vor allem am mangelnden medizinischen Wissen und der fehlenden Hygiene.

Archäologie: Forschung aus der Luft

Um mehr über die Steinzeit zu erfahren, greifen Forscher zu den unterschiedlichsten Methoden. Von klassischen Ausgrabungen habt ihr sicherlich alle schon gehört. Aber sagt euch auch der Begriff „Luftbildarchäologie“ etwas?

Dazu fliegt man über eine Landschaft und fotografiert diese – so kann man Flächen entdecken, auf denen früher einmal Gebäude und andere Bauwerke standen. Das liegt an den Pflanzen, die auf diesen Flächen wachsen. Wenn unter der Erde noch Reste eines Bauwerks sind, wachsen die Pflanzen an dieser Stelle schlechter. War an einer Stelle ein Graben, wachsen die Pflanzen besser und höher. Solche Muster kann man gut aus der Luft erkennen.

Der richtige Zeitpunkt ist dabei auch wichtig: Bei Sonnenaufgang kann man z. B. auch schwächere Erhebungen erkennen.

Mit dieser Technik konnte man schon viele Kreisgrabenanlagen und Langhäuser entdecken.

Natur: Wunderbäume

Ihr kennt bestimmt alle Birken – diese Laubbäume mit der weißen Rinde. Eben diese Bäume waren in der Steinzeit richtige Wunderbäume und wurden in allerlei Bereichen verwendet.

Zum einen konnte man aus ihrer Rinde Behälter herstellen. Die Rinde wurde mit Baststreifen vernäht und das Gefäß war leicht und eignete sich für Transporte. Aber aus Birkenrinde wurde noch mehr hergestellt: Ein weiteres Produkt war nämlich Klebstoff! Dazu muss man die Rinde auf etwa 350 Grad erhitzen – dann entsteht ein klebriger Teer. Die ältesten Funde dieses Teers sind ca. 80 000 Jahre alt!

Und zuletzt ließ sich auch Medizin aus einem Teil der Birke herstellen – aus einem Pilz, der an ihr wächst. Gemeint ist der Birkenporling: Er stillt Blutungen und wirkt desinfizierend.

Im Grab von Ötzi wurden verschiedene Teile der Birke gefunden, so zum Beispiel ein Gefäß aus Birkenrinde und auch zwei Birkenporlinge.

Mumien: Macht durch Mumienstaub

König Karl II. von England war ein echter Mumienfan! Vor allem, weil er sie sehr nützlich fand. Er sammelte ihren Staub und den Puder, der von ihnen abfiel. Aber warum tat er das?

Na, ist doch klar! Er nutzte ihn als eine Art Hautpflege. Er rieb sich damit sein Gesicht ein. Denn König Karl war sich sicher: So würde er die „Macht der Pharaonen“ auf sich übertragen können! Und mit diesem Glauben war er nicht allein. Viele Menschen glaubten in der Frühen Neuzeit an die Kraft der Mumien. Und Ärzte verordneten eine Prise Mumienstaub gegen alle möglichen Übel – von Herzattacken über Übelkeit bis hin zu blauen Flecken!

Daran zeigt sich, dass die Macht der Mumien sich von der Antike bis in die Neuzeit zog – und noch heute faszinieren sie uns.

Hieroglyphen: Seltsame Symbole

Über Jahrhunderte versuchten berühmte Wissenschaftler, die Schrift der alten Ägypter, die Hieroglyphen, zu entschlüsseln – doch ohne Erfolg! Aber ein Zufallsfund um 1800 nach Christus änderte alles.

Der Legende nach streifte Napoleon zu dieser Zeit mit seinem Heer durch Ägypten. Plötzlich stolperte das Pferd eines Offiziers. Als der Offizier zu Boden blickte, sah er einen großen schwarzen Stein. Darauf befand sich ein Text aus Hieroglyphen und daneben eine griechische Übersetzung! So konnten die rätselhaften Symbole endlich entziffert werden.

Der Stein war übrigens so groß, dass er als der „Koloss aus Basalt“ bekannt wurde. Wie man über so einen großen Stein einfach stolpern kann, ist eine andere Geschichte.

Pharaonen: Von Leibärzten und Sandalenträgern

Pharaonen waren mächtige Menschen mit zahlreichen Bediensteten. Aber von den folgenden Angestellten habt ihr bestimmt noch nie gehört:

Der Pharao hatte nämlich einen eigenen Sandalenträger. Schuhe waren im Alten Ägypten sehr wertvoll, deshalb schonte man sie. Man ging barfuß zu einem Ort und zog sie erst am Ziel an. Der Sandalenträger trug die Schuhe des Pharaos voraus. Das war eine sehr große Ehre: Man glaubte, die Göttlichkeit des Pharaos würde sich auf Gegenstände übertragen. Außerdem durfte der Sandalenträger die Füße des Pharaos waschen. Er durfte ihn direkt berühren – eine der höchsten Ehren!

Auch für das Wohlergehen des Pharaos war gesorgt. Hierfür hatte er zahlreiche Leibärzte. Darunter war alles vertreten: vom Hüter des Auges bis zum Hüter des königlichen Hintern!

Spätestens jetzt ist klar: Pharaonen wurden als göttliche Könige verehrt und standen an der Spitze der ägyptischen Gesellschaft.

Ramses II.: Ganz schön selbstverliebt

Der Felsentempel in Abu Simbel lässt vermuten, dass Pharao Ramses II. ganz schön selbstverliebt war. Er ließ den Tempel nämlich für sich selbst errichten. Davor ließ er vier Statuen von sich bauen – jede 21 Meter hoch! Doch damit nicht genug:

Im Inneren des Tempels sind lauter Abbildungen von ihm. Und dann gibt es noch das große Spektakel namens „Sonnenwunder“: An genau zwei Tagen im Jahr fällt Licht in den dunklen Tempel, der zwischen Felsenklippen erbaut wurde. Das Licht erleuchtet genau drei Statuen an der Endwand des Tempels. Und welche? Den Sonnengott Re, den Fruchtbarkeitsgott Amon und – natürlich – Ramses II.!

Man geht davon aus, dass dieses Wunder schon bei der Erbauung des Tempels genau berechnet wurde. Die zwei Tage, an denen das Licht einfällt, sind nämlich Ramses‘ Geburtstag und sein Krönungstag.

Erfindungen: Ägyptens kluge Köpfe

Dass die Ägypter die Pyramiden erbaut haben, wisst ihr alle. Doch wusstet ihr schon von der folgenden Erfindung?

Die Ägypter erfanden die erste Zahnpasta der Welt! Sie bestand aus Steinsalz, getrockneter Iris, Minze, Salbei und Pfeffer – das klingt nicht so lecker! Aber sie erfüllte ihren Zweck. Es gab aber noch schlimmere Zahnpasta-Rezepte: Einige der frühesten Zahnpasten beinhalteten Pulver von Ochsenhufen-Asche und verbrannten Eierschalen. Das möchte man heute lieber nicht in seinem Mund haben!

Die Ägypter erfanden einige Gegenstände, die aus unserem heutigen Leben nicht mehr wegzudenken sind. Sie waren ein wirklich erfinderisches Volk.

Medizin: Keine Sorge, ich bin altägyptischer Arzt!

Wie ging man im Alten Ägypten mit Krankheiten um? Gab es schon Tabletten oder was verordneten die Ärzte?

Tabletten und Ähnliches gab es noch lange nicht. Die ägyptischen Heiler verordneten meist natürliche Heilmittel. Aber manche Heilmittel wirken heute etwas seltsam, wie etwa dieses:

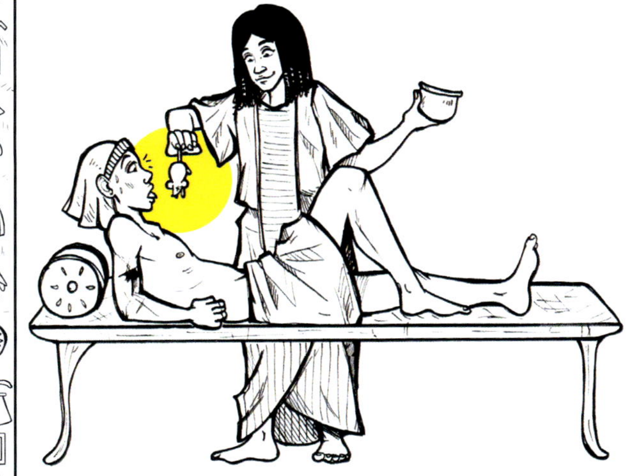

Die Ägypter glaubten, ein Allheilmittel zu haben. Sie nutzten es gegen Durchfall, graue Haare und vieles mehr. Klingt gut?
Na ja, bei dem Allheilmittel handelte es sich um gekochte oder gebratene Mäuse! Dann doch lieber graue Haare, oder?

Die alten Ägypter waren im Bereich Medizin aber tatsächlich sehr fortschrittlich. Teilweise nutzten sie Heilpflanzen, deren Wirkung heute wissenschaftlich nachgewiesen ist.

Mode: Oh, Sie riechen aber gut!

Auf ägyptischen Wandbildern entdeckten Forscher einen seltsamen Kegel auf den Köpfen der Ägypter. Sie fanden heraus, dass es sich um Salbkegel handelt. Das sind kegelförmige Gebilde aus Öl, Harz und Fett oder Wachs. Aber trugen die Ägypter diese Kegel wirklich? Und wenn ja, warum?

Genau weiß das bis heute leider niemand – aber es gibt eine interessante Theorie: Wissenschaftler vermuten, dass die Kegel bei wichtigen Feiern getragen wurden. Wenn man schwitzte, erwärmte sich der Kopf und der duftende Kegel schmolz. Das gut riechende Material verteilte sich in den Haaren und tropfte auf die Kleidung und – man roch einfach fabelhaft! Quasi ein antikes Deo!

Die alten Ägypter achteten sehr auf ihr Äußeres. Und wichtige Personen, wie auch Kleopatra, wurden für ihre Schönheit bewundert und geschätzt.

Mythologie: Einer tanzt aus der Reihe

Die alten Ägypter verehrten viele verschiedene Götter und hatten viele Tempel. Doch der Tempel des Lichtgottes Aton war besonders. Aber warum?

Er sah ganz anders aus als die restlichen Göttertempel. Er war hell und nach oben geöffnet.
So konnte Aton als Sonne selbst in dem Tempel sein. Die anderen Göttertempel waren dunkel und geschlossen. Dies war ein großer Unterschied und sehr ungewöhnlich.

Der Pharao Echnaton, der die Aton-Religion in Ägypten einführte, hatte übrigens ein Ziel. Er wollte, dass die Ägypter nur noch Aton verehrten, und erklärte ihn zur einzigen Gottheit. Das fanden die meisten Ägypter nicht gut – sie beteten weiterhin heimlich ihre Götter an. Nach Echnatons Tod versuchten die Ägypter, ihn aus den Geschichtsbüchern verschwinden zu lassen. Sie wollten nicht mehr an ihn erinnert werden.

Der Nil: Das Schwarze Land

Wir verbinden die Farbe „schwarz“ mit düsteren und dunklen Dingen – wie dem Tod.
Im Alten Ägypten war das ganz anders:

Für die alten Ägypter war schwarz eine Farbe, die für Gutes und Fruchtbarkeit stand. Sie verbanden sie mit der schwarzen, fruchtbaren Erde entlang des Nils. Die Farbe war ihnen so wichtig, dass sie sogar ihr Land danach benannten. Der altägyptische Landesname war nämlich Km.t – das wird „Kemet“ ausgesprochen und bedeutet „Schwarzes Land“. Die Bezeichnung sollte auf die fruchtbaren Böden entlang des Nils hinweisen: Sie machten Ägypten zu einer großen Anbaustelle für Getreide.

Wegen des fruchtbaren Bodens galt Ägypten als wichtige „Kornkammer“. Im Laufe der Jahrhunderte spielte die Herrschaft über Ägypten immer wieder eine große Rolle.

Kleopatra: Schön und schlau!

Ihr habt sicherlich schon mal von der sagenhaft schönen Kleopatra gehört. Doch sie war nicht nur schön, sondern auch schlau. Das zeigt folgende Geschichte:

Kleopatra heiratete schon früh ihren Bruder. Doch dieser versuchte, ihre Macht klein zu halten und allein über Ägypten zu regieren. Das gefiel Kleopatra gar nicht. Also schmiedete sie einen Plan: Als der mächtige Feldherr Cäsar nach Ägypten kam, wollte sie ihn überzeugen, ihr zu helfen. Doch ihr Bruder verbot ihr, mit ihm zu sprechen. Der Legende nach ließ sie sich daraufhin in einen Teppich einrollen. Ihre Sklaven trugen sie darin an den strengen Wachen vorbei und direkt in Cäsars Zimmer.

Daran sieht man, dass Kleopatra eine kluge Frau war, die sich nach viel Macht sehnte. Nach dem Tod ihres Bruders, der schließlich im Kampf gegen Cäsars Truppen fiel, baute sie nach und nach ihre Macht in Ägypten aus. Sie wurde zu einer wichtigen Herrscherin.

Das Zeitalter: Unglaubliche Zeitspannen

Das Zeitalter des Alten Ägyptens erstreckt sich über einen riesigen Zeitraum. Wie riesig wollt ihr wissen? Dann passt mal auf:

Die Pyramiden wurden zu Beginn der ägyptischen Zeit gebaut und Kleopatra herrschte am Ende. Dazwischen liegen mehr als 2500 Jahre. Zwischen Kleopatras Herrschaft und der ersten Mondlandung liegen nur knapp 2000 Jahre. Kleopatras Herrschaft liegt damit näher an der ersten Mondlandung als am Bau der ersten Pyramiden! Wahnsinn, oder?

Das Zeitalter der alten Ägypter erstreckte sich über verschiedene Epochen. Das Alte Reich beginnt etwa um 2700 vor Christus und das Zeitalter der Ptolemäer endet um etwa 30 vor Christus.

Eine seltsame Inschrift über dem Eingang der Cheops-Pyramide führt bis heute bei Urlaubern zu verwirrten Blicken. Dort steht: „So sprechen die Diener des Königs, des Name Sonne und Fels Preußens ist …“. Preußen war ein Teil des früheren Deutschlands. Doch was hat dieser Ehrenspruch für den preußischen Herrscher dort zu suchen? Und was hat Pharao Cheops mit Preußen am Hut?

Tatsächlich haben der Pharao und die Inschrift gar nichts miteinander zu tun! Die Inschrift entstand um 1840, als ein preußisches Forscherteam die Cheops-Pyramide besuchte. Der Wissenschaftler Carl Richard Lepsius ritzte die Worte als Geburtstagsgeschenk ein – für den damaligen preußischen König.

Heute ist das nicht mehr vorstellbar. Allein auf Pyramiden zu klettern, wird heute mit Gefängnis bestraft – da will man sich die Strafe für das Einritzen von Geburtstagswünschen gar nicht vorstellen!

Mythologie: 1001 Götter

Ihr habt sicher schon von Osiris gehört und auch Horus ist euch bekannt. Aber wie ist es mit den folgenden ägyptischen Göttern? Kennt ihr die?

Dem Gott Babi wollte man lieber nicht begegnen. Er war ein dämonischer Gott. Man glaubte, er könne im Inneren eines Menschen leben. Häufig wurde er als Pavian dargestellt. Beim ägyptischen Totengericht passte er auf, dass die Göttin Ammit die Seele aller schuldigen Menschen verschlang.

Auch die Nilpferdgöttin Ipet wurde als Tier dargestellt – doch eher als Fabelwesen: Sie hatte den Kopf und den Körper eines schwangeren Nilpferds und die Arme eines Menschen. Dazu kam der Rücken eines Krokodils und die Pranken eines Löwen! Ipet galt als eine wichtige Geburtsgöttin.

Außerdem gab es noch Jah, den Mondgott, Nefertem, den Gott der Lotusblüte, und Seschat, die Göttin des Schreibens und Rechnens.

Die alten Ägypter verehrten in ihrer langen Herrschaftszeit mehr als 1 000 Götter. Heute sind davon nur noch wenige bekannt.

Mumien: Besondere Geschenke

Mumifizierte Pharaonen kennt jeder. Aber dieser Fund ist wirklich außergewöhnlich:

Vor einigen Jahren fanden Forscher eine drei Meter lange, krokodilförmige Mumie. Zunächst glaubten sie, dass sich darin ein Riesenkrokodil befindet. Aber als man die Mumie scannte, fand man heraus: In der Mumie sind zwei Krokodile! Sie wurden hintereinandergelegt, sodass sie wie ein großes Tier aussehen. Doch damit nicht genug: Ein paar Jahre später wurden weitere Scans mit besseren Maschinen gemacht. Dabei fand man heraus, dass sich zwischen den Schichten der Mumienhülle lauter winzige Babykrokodile befinden.

Diese Entdeckung ist gar nicht so ungewöhnlich: Die Ägypter mumifizierten Tiere als Geschenke für ihre Götter. Falken für den Himmelsgott Horus, Paviane für Thot, den Gott des Wissens, oder eben Krokodile für den Wasser- und Krokodilgott Sobek. Man vermutet, dass es etwa 70 Millionen solcher Mumien geben könnte.

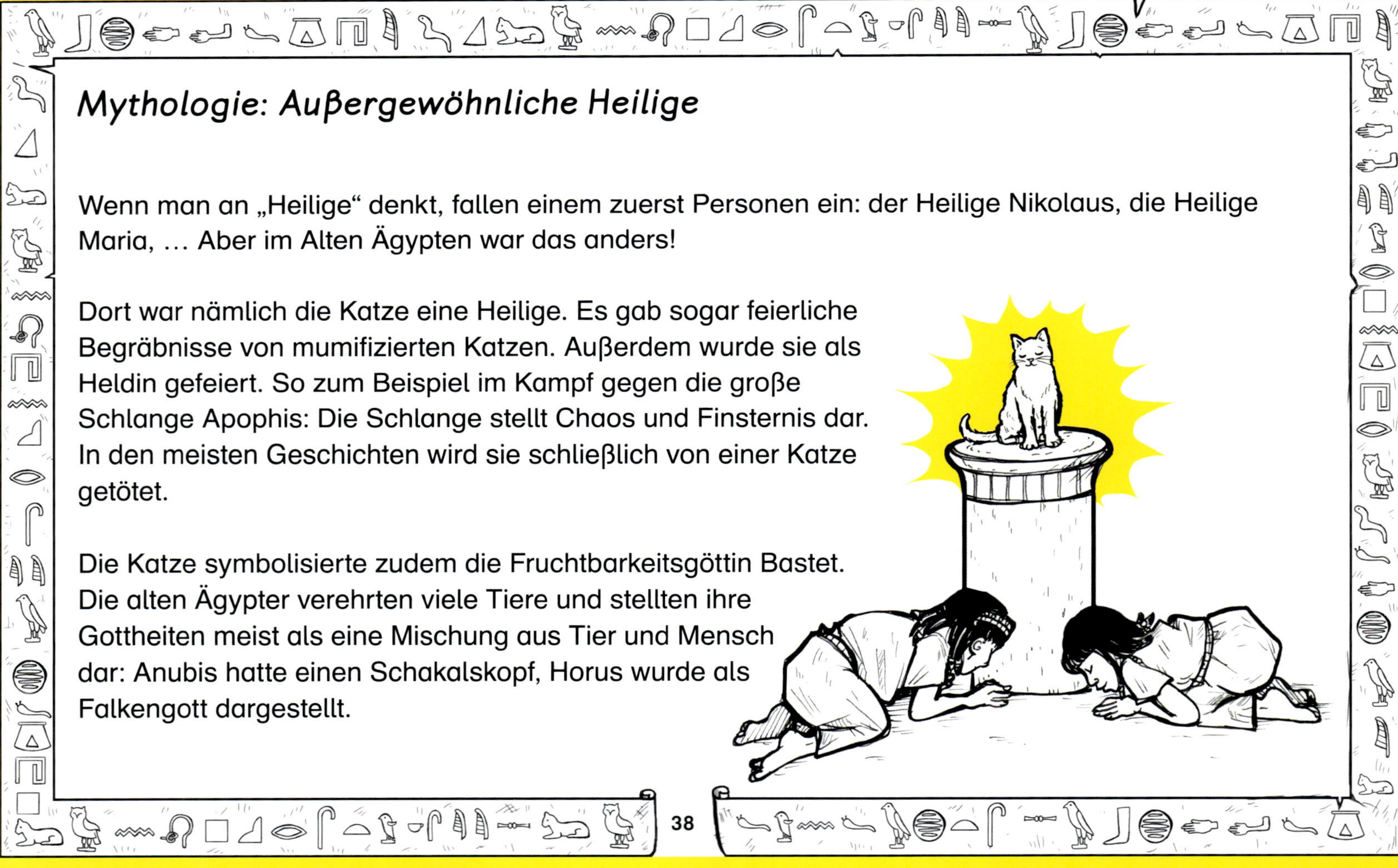

Mythologie: Außergewöhnliche Heilige

Wenn man an „Heilige“ denkt, fallen einem zuerst Personen ein: der Heilige Nikolaus, die Heilige Maria, ... Aber im Alten Ägypten war das anders!

Dort war nämlich die Katze eine Heilige. Es gab sogar feierliche Begräbnisse von mumifizierten Katzen. Außerdem wurde sie als Heldin gefeiert. So zum Beispiel im Kampf gegen die große Schlange Apophis: Die Schlange stellt Chaos und Finsternis dar. In den meisten Geschichten wird sie schließlich von einer Katze getötet.

Die Katze symbolisierte zudem die Fruchtbarkeitsgöttin Bastet. Die alten Ägypter verehrten viele Tiere und stellten ihre Gottheiten meist als eine Mischung aus Tier und Mensch dar: Anubis hatte einen Schakalskopf, Horus wurde als Falkengott dargestellt.

Sphinx: Rätselhafte Statue

Vor der Chephren-Pyramide liegt ein großes Fabelwesen, das Forscher vor Fragen stellt. Wisst ihr, von wem die Rede ist?

Gemeint ist die bzw. der Sphinx. Und das ist schon das erste Rätsel. Man ist sich nicht sicher, ob es „die Sphinx“ oder „der Sphinx“ heißen soll. Da man das Geschlecht des Fabelwesens nicht kennt, ist dies bis heute umstritten: Er oder sie besitzt einen Menschkopf und einen Löwenkörper. Das Wesen soll die Pyramide vor Eindringlingen und bösen Geistern bewachen.

Ein weiteres Rätsel ist, wen das Fabelwesen darstellen soll: Theorien reichen vom Pharao Chephren, vor dessen Pyramide es sitzt, bis hin zum Sonnengott Re.

Eins ist sicher, der oder die Sphinx ist mysteriös und wird schon in antiken Texten als rätselhaftes Wesen dargestellt. Schon in der griechischen Ödipus-Sage tritt das Wesen auf. Dort gibt es allen Leuten Rätseln auf. Wer das Rätsel nicht lösen kann, wird gefressen.

Pharaonen: Pharao Mykerinos und seine „winzige" Pyramide

Die Pyramiden sind riesig. Man kann sie auf Satellitenbildern aus dem Weltraum erkennen!
Doch zwischen den Pyramiden gibt es große Unterschiede.

Die kleinste der drei Pyramiden von Gizeh ist die Mykerinos-Pyramide. Viele bezeichneten sie als winzig, obwohl sie mit etwa 65 Metern die achthöchste Pyramide Ägyptens ist. – Aber die Cheops-Pyramide ist dennoch mit ihren 138 Metern mehr als doppelt so hoch!

Der Sarkophag des Pharaos Mykerinos befindet sich schon lange nicht mehr in seiner Pyramide. Er sollte ins Britische Museum nach London transportiert werden. Doch das Schiff sank – und seither ruht Mykerinos wohl auf dem Meeresgrund. Was für ein ungewöhnliches Grab für einen Pharao!

Die Pyramiden von Gizeh gehören zu den ältesten und bekanntesten Bauwerken der Menschheit. Seit 1979 zählen sie zum Weltkulturerbe.

Religion: Von Hohepriestern und weniger hohen Priestern

Im Alten Ägypten gab es viele Götter und auch viele Priester. Das ist klar! Aber wusstet ihr auch, dass es ganz unterschiedliche Arten von Priestern gab?

Die Hohepriester waren die obersten Priester eines Tempels. Sie wurden vom Pharao selbst ernannt.

Aber es gab auch niedrigere Priesterämter. Diese Priester erledigten Aufgaben, für die die Hohepriester keine Zeit hatten. Sie reinigten die Tempel, pflegten die heiligen Gegenstände – und schminkten die Gottesstatuen. Außerdem mussten sie die Statuen auch anziehen, waschen und mit Schmuck behängen. Weibliche Priesterinnen gab es im Alten Ägypten ebenfalls. Die meisten dienten im Gottesharem oder führten Begräbnisrituale durch.

Die Priester waren im Alten Ägypten sehr wichtig. Sie predigten nicht nur, sondern dienten ihrem jeweiligen Gott im wahrsten Sinne des Wortes.

Tutanchamun: Eine Berühmtheit unter den Pharaonen

Ihr habt sicherlich schon mal von Tutanchamun gehört. Er ist einer der bekanntesten Pharaonen. Doch was hat er getan, um so berühmt zu werden?

Die Antwort lautet: Eigentlich nichts! Tutanchamun war ein recht gewöhnlicher Pharao. Er war neun, als er an die Macht kam, und starb schon mit 18 Jahren. In dieser Zeit hat er keine größeren Dinge vollbracht. Berühmt wurde er erst nach seinem Tod.

Im Jahr 1922 entdeckte der Archäologe Howard Carter sein Grab im Tal der Könige. Es war das einzige Grab, das nicht von Grabräubern geplündert wurde – und wurde daher unfassbar berühmt. Tutanchamun ist also gar nicht für seine tollen Taten bekannt, sondern nur für sein beeindruckendes Grab!

Die Gräber der Pharaonen waren vermutlich alle sehr beeindruckend und reich befüllt. Man glaubte nämlich, dass sie Gaben aus dem Grab mit ins Jenseits nehmen würden.

Die Olympischen Spiele: Ein Spaß für die ganze Familie?

Frauen durften bei den Olympischen Spielen im Alten Griechenland nicht teilnehmen – das wisst ihr bestimmt. Denn: Die Spiele waren kriegerisch und einige Teilnehmer sogar nackt!
Aber wusstet ihr auch, dass die Frauen nicht mal zusehen durften?

Der Grund: Ihre Ehemänner waren eifersüchtig und hatten Angst, dass sich ihre Frauen beim Zusehen in einen der Athleten verlieben würden!

Wer sich als Frau heimlich in die Arena schlich, wurde zum Tode verurteilt und von einem hohen Berg geworfen.

Zum Glück haben sich die Zeiten geändert: Heute sind Frauen bei den Olympischen Spielen als Zuschauerinnen und als Teilnehmerinnen natürlich herzlich willkommen!

Alexander der Große: Der verflixte Gordische Knoten

Kennt ihr eigentlich die Redewendung „den Gordischen Knoten lösen“? – Sie bedeutet: „Ein schwieriges Problem auf kreative Weise schnell und energisch lösen“. Doch woher kommt sie?

Im Alten Griechenland gab es der Sage nach tatsächlich einen solchen Gordischen Knoten. Und zwar am Streitwagen des phrygischen Königs Gordios. Wer ihn lösen konnte, der sollte Herrscher von ganz Asien werden. Viele versuchten es und keiner schaffte es. Bis Alexander der Große kam: Er machte 333 vor Christus auf seinem Zug Richtung Persien bei dem Knoten Halt und – schlug ihn kurzerhand mit seinem Schwert durch!
Das berichten zumindest die antiken Schriftsteller Plutarch und Quintus Curtius Rufus.

Daran sieht man deutlich, was für ein kluger Mensch Alexander der Große war – ein geborener Problemlöser!

Griechische Lehnwörter: Aus der Antike direkt in den Duden

Viele moderne Worte wie „Philosophie“ und „Demokratie“ stammen aus dem Griechischen.

Aber wisst ihr auch, dass das Wort „Idiot“ ebenfalls aus dem Griechischen kommt? Mit „Idiot“ war jemand gemeint, der sich aus dem öffentlichen Leben heraushielt und keine Ämter ausübte. Eine solche Einstellung wurde im antiken Griechenland als schlecht empfunden.

Die Bedeutung „Verrückter“ für Idiot kam im Deutschen erst im 19. Jahrhundert hinzu, und zwar über das Englische.

Die Griechen hatten übrigens nicht nur auf unsere Sprache eine große Auswirkung, sondern auch auf viele andere Bereiche unseres Lebens – z. B. auf die Politik und die Kunst.

Die griechische Sprache: Von Gelehrten und Barbaren

Die alten Griechen waren sehr stolz auf ihre Sprache. Personen, die kein Griechisch konnten, galten als „Barbaren“! Doch was bedeutet das eigentlich?

Ein „Barbaros“ ist eigentlich jemand, der nicht richtig sprechen kann und nur „Brr“- „brr“-Laute von sich gibt. Die Griechen machten sich mit dem Wort also über die Völker lustig, die die griechische Sprache nicht beherrschten. Durch ihre Sprache wollten sie sich von den Anderen abgrenzen.

Daran sieht man, wie wichtig den Griechen ihre gemeinsame Sprache war. Obwohl die einzelnen Städte Griechenlands oft Konflikte miteinander hatten, so verband sie immer diese wichtige Gemeinsamkeit.

Griechische Gottheiten: Gewaltige Götter

Zeus, Hera und Hades – diese Namen habt ihr alle schon gehört.
Aber wie sieht es mit Hebe aus? Wer war das noch mal?

Hebe ist die Schwester der Götter Ares und Hephaistos. Die beiden sind richtig bekannt – Hebe leider nicht so sehr. Sie war nämlich nur der Mundschenk der Götter. Ein Mundschenk ist eine Person, die den Göttern Wein und andere Getränke serviert.

Aber man sollte Hebe trotzdem nicht unterschätzen! Sie konnte den Menschen nämlich nicht nur Wein einschenken, sondern auch eine neue Jugend schenken. Eine tolle Gabe, nicht wahr?

Später verlor Hebe ihre Stelle und wurde die Frau von Herkules. Aber das ist eine andere Geschichte … eine von vielen über die zahlreichen mächtigen Götter und Göttinnen der griechischen Mythologie.

Delphi: Der Mittelpunkt der Welt

In der Antike galt Delphi als „Mittelpunkt der Welt“. Aber wie kam man darauf? Der Grund für diesen Glauben ist keine wissenschaftliche Vermessung, sondern folgende Sage:

Der Göttervater Zeus schickte von je einem Ende der Welt zwei Adler los, und zwar gleichzeitig. Die beiden umrundeten die Erde in entgegengesetzter Richtung und trafen schließlich … na wo wohl … in Delphi zusammen! Den genauen Ort markierte man mit einem Stein namens „Omphalos“. Das heißt übersetzt „Nabel“. So wurde Delphi zum „Nabel der Welt“.

Delphi war ein zentraler Ort in der Antike. Daher gibt es noch viele weitere Sagen und Geschichten über diese wichtige Stadt.

Delphi: Rätselhaftes Orakel

Die alten Griechen glaubten an Übernatürliches und bezahlten viel Geld, damit Orakel ihre Zukunft voraussagten. Die Orakel sprachen oft in Rätseln und so kam es häufig zu Missverständnissen – wie auch in dieser Geschichte:

Eines Tages ging der mächtige König Krösus zum Orakel von Delphi. Er wollte einen Krieg beginnen und fragte, ob er ihn gewinnen könne. Das Orakel antwortete: „Wenn du den Fluss Halys überschreitest, wirst du ein großes Reich zerstören.“ Der König freute sich und zog daraufhin in den Krieg. Doch leider hatte er das Orakel falsch verstanden. Er überquerte den Fluss, zog in den Kampf und … zerstörte sein eigenes Reich!

In der Antike waren Orakel sehr wichtig, um die Zukunft vorauszusagen und deshalb gab es an vielen wichtigen Orten Orakel.

Das Theater im antiken Griechenland: Der Traum vom Fliegen

Die alten Griechen liebten Theatereffekte. Besonders beliebt war der Effekt „Deus ex machina", das bedeutet „Gott aus einer Maschine". Aber was soll das sein?

In antiken Tragödien gab es oft Probleme, die die Menschen nicht lösen konnten. Nur eine mächtige Gottheit konnte das Problem beheben.
Um die Macht der Gottheit zu zeigen, sollte der Schauspieler „von oben" zum Stück dazukommen. Gesagt, getan!
Die Griechen bauten eine Hebemaschine, die aussah wie ein Kran. Daran schwebte der „Gott aus der Maschine" über die Bühne und landete auf den Dächern.

Die antiken Griechen hatten noch viele andere Effekte in ihren Tragödien, wie z. B. Falltüren auf der Bühne, in denen die Schauspieler verschwanden.

Sparta: Hartes Leben

Kennt ihr die Redewendung „ein spartanisches Leben führen"? – Sie bedeutet: ein einfaches und sparsames Leben leben. Doch woher kommt sie?

In der antiken Stadt Sparta wurden die Kinder tatsächlich auf sehr strenge Weise erzogen. Nach der Geburt entschied der Vater, ob das Kind zur Familie gehörte oder ausgesetzt wurde. Nur starke Kinder durften bleiben. Mit sieben Jahren wurden die Jungen von ihrer Familie getrennt und lebten von da an „spartanisch" – also nur mit dem Nötigsten.

Das galt übrigens auch für das Essen: Überlieferungen zufolge gab es eine Suppe aus Blut, Salz und Essig – ob diese Suppe die Jungen so stark machte?

Tatsache ist auf jeden Fall, dass Sparta bis heute ein bekanntes Beispiel für einen Militärstaat ist.

Alexander der Große: Kindheitserinnerungen

Über die Kindheit von Alexander dem Großen weiß man nicht viel.
Aber diese Erzählung von Plutarch zeigt, was für ein Kind er war:

Eines Tages bot ein Händler Alexanders Vater ein wildes Pferd an. Dieser lehnte ab – er wollte kein Pferd, das niemand reiten konnte. Doch Alexander behauptete, dass er das Pferd zähmen könne. Er hatte nämlich bemerkt, dass das arme Tier nur Angst hatte – und zwar vor seinem eigenen Schatten. Alexander führte das Pferd mit dem Gesicht zur Sonne. So konnte es seinen Schatten nicht mehr sehen. Das Pferd beruhigte sich sofort. Alexander stieg auf und galoppierte auf dem Pferd davon.

Alexander war also ein sehr kluger Mensch. Diese Eigenschaft half ihm bei seinen späteren Feldzügen und Eroberungen.

Essen im antiken Griechenland: Oh du köstliche Olive!

Wir kennen Oliven vor allem aus griechischem Salat. Doch für die Griechen waren Oliven viel mehr als nur eine Salatbeilage!

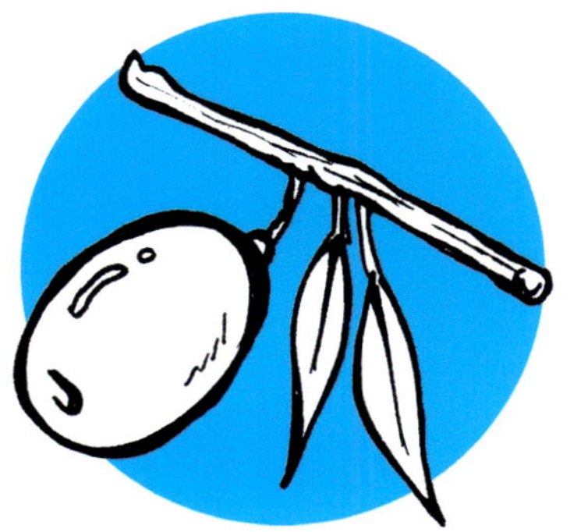

Die Griechen waren der Meinung, dass die Oliven ein Geschenk der Göttin Athene seien. Der Olivenbaum symbolisierte für sie Weisheit, Fruchtbarkeit und Frieden. Deswegen wurde der Baum auch von den Städten geschützt – ein Zweig von ihm galt als hoher Preis für die Sieger der Olympischen Spiele. Außerdem wurde das Öl der Olive zum Kochen, Schminken und als Lampenöl verwendet. Wahnsinn, was alles in so einer kleinen Frucht steckt!

Neben Oliven aßen die antiken Griechen vor allem Getreide, Gemüse und anderes Obst.

Die Olympischen Spiele: Alle Kräfte

Speerwerfen und Weitsprung – kennt doch jeder! Aber habt ihr schon mal von „Pankration“ gehört? Pankration heißt wörtlich übersetzt „alle Kräfte“. Diese antike Kampfsportart hat es nicht in die Olympischen Spiele der Neuzeit geschafft – aber warum? Und was ist Pankration?

„Pankration“ ist eine Mischung aus Ringen und Boxen. Dabei war fast alles erlaubt, und darum kam es auch oft zu Todesfällen. So auch bei Arrhichion von Phigaleia: Er trat 564 vor Christus in der Disziplin an. Als er schon fast besiegt war, brach er seinem Gegner noch die Zehen. Der Gegner erschrak und gab auf. Aber leider zu spät für Arrhichion: Er war nämlich kurz zuvor zwischen den Beinen seines Gegners erstickt! Er wurde zwar noch zum Sieger erklärt, aber feiern konnte er den Sieg nicht mehr.

Die Olympischen Spiele wurden 394 nach Christus von den Römern verboten und erst 1896 in Athen wieder neu belebt.

Griechische Tragödien: Ungewöhnlicher Todesfall

Aeschylus war ein bekannter Tragödiendichter – bis er selbst Opfer einer Tragödie wurde! So schreiben es zumindest Plinius der Ältere und Valerius Maximus.

Ein Orakel hatte dem Dichter vorausgesagt, dass ein herabfallender Gegenstand ihn töten würde. Um diesem Schicksal zu entkommen, hielt sich Aeschylus nur noch im Freien auf. Doch damit hatte er nicht gerechnet: Eines Tages flog über ihm ein Adler vorbei, der eine Schildkröte in seinen Krallen trug. Der Adler ließ die Schildkröte fallen, um ihren Panzer zu knacken, und diese landete prompt auf Aeschylus' Kopf und tötete ihn.

In antiken Theatern waren Tragödien sehr beliebt. Sie handeln von Personen, die in Situationen geraten, aus denen sie sich nicht befreien können – ganz wie unser armer Aeschylus.

Griechische Mythologie: Überfahrt in die Unterwelt

Im antiken Griechenland legte man Verstorbenen eine Münze unter die Zunge. Aber warum? Davon konnte der Tote sich doch nichts mehr kaufen? Da waren die Griechen anderer Meinung!

Sie glaubten, dass der Tote nur auf dem Boot des Fährmann Charon in die Unterwelt gelangen konnte. Doch Charon nahm die Verstorbenen nicht umsonst mit. Er verlangte einen „Charonspfennig" – die Münze, die man dem Toten unter die Zunge gelegt hatte. Wer diese Münze nicht bei sich hatte, musste 100 Jahre am Ufer des Totenflusses als Schatten umherirren. Erst dann erlaubte Charon ihm die Überfahrt.

Den Griechen war ihre Mythologie sehr wichtig und sie befolgten in vielen Lebenslagen bestimmte Rituale für ihre Götter.

Herkules: Wer andern eine Grube gräbt …

Herkules musste zwölf Aufgaben erfüllen, um ein richtiger Gott zu werden. Eine dieser Aufgaben war folgende:

Herkules sollte Äpfel aus einem Garten sammeln, den nur Götter betreten können. Er bat Atlas – das war der Gott, der den Erdball trägt, – um Hilfe. Herkules übernahm den Erdball, während Atlas die Äpfel holte. Aber als Atlas zurückkam, wollte er die schwere Erde nicht mehr zurücknehmen. Doch Herkules ließ sich nicht austricksen! Er fragte, ob Atlas die Erde nur noch einmal halten könne, bis er sich ein Polster auf die Schultern gelegt habe. Atlas nahm die Erde und bevor er merkte, dass er auf seinen eigenen Trick reingefallen war, schnappte sich Herkules die Äpfel und verschwand.

An dieser Geschichte kann man gut erkennen, dass Herkules oft nicht nur stark, sondern auch klug sein musste, um all seine Aufgaben zu erfüllen.

Griechische Mythologie: Wie Himmel und Erde zusammenfanden

Es gibt zahlreiche Schöpfungsmythen. Aber wie war das eigentlich bei den Griechen? Es gibt eine Geschichte, wie Himmel und Erde zusammenfanden:

Am Anfang war nur Chaos. Doch eines Tages entstanden daraus die ersten Götter. Zwei dieser Götter, Gaia und Eros, bekamen drei Kinder. Eines davon war Uranus, der Himmel. Später bekam Gaia mit Uranus ebenfalls Kinder. Diese Kinder waren so schrecklich, dass Uranus sie in der Unterwelt einsperrte. Danach übernahm er die Herrschaft über die Welt. Das gefiel Gaia nicht. Sie bekam zwölf weitere Kinder, die Titanen. Diese überrumpelten Uranus, der ja der Himmel war, und fesselten ihn an die Erde. So fanden Himmel und Erde zusammen.

Göttergeschichten waren in der Antike übrigens sehr bedeutsam und weit verbreitet.

Wohnen im Alten Griechenland: Willkommen bei den Griechen!

Könnt ihr euch vorstellen, kein eigenes Zimmer zu haben? Oder schlimmer: keine Toilette? Bei den alten Griechen war all das nicht ungewöhnlich!

Damals lebte man sehr einfach. Die meisten Häuser waren aus Holz mit dünnen Wänden. Der Boden bestand aus festgestampftem Lehm und anstelle von Türen gab es nur Vorhänge. Ein eigenes Kinderzimmer kannte man damals noch gar nicht! Und auch Toiletten, wie wir sie heute kennen, gab es nicht. Die meisten Griechen hatten einen einfachen Nachttopf, der dann direkt vor dem Gartentürchen ausgeleert wurde.

Erst in der Mitte des ersten Jahrtausends vor Christus fingen die Griechen an, Toilettenzellen in einige ihrer Häuser einzubauen.

Griechische Schönheitsideale: Schöne Beine

In jeder Epoche war es den Menschen wichtig, ihre Babys richtig zu fördern. Die Griechen griffen dabei allerdings zu eher seltsamen Maßnahmen …

So wurden die griechischen Babys in der Regel bis zu ihrem dritten Lebensjahr immer getragen. Ihr fragt euch jetzt sicher, was das mit ihrer körperlichen Förderung zu tun hatte. Ganz einfach: So wollten die Griechen vermeiden, dass ihre Kinder durch zu frühes Laufen O-Beine bekommen würden!

Gesundheit und Schönheit hatten in der Antike einen hohen Stellenwert. Deshalb beschäftigten sich die Griechen auch intensiv mit der Frage, was Schönheit ausmacht und wie der ideale Körper aussehen müsste.

Atlantis: Die versunkene Stadt

Von der versunkenen Stadt Atlantis habt ihr sicherlich alle schon mal gehört. Aber wie genau ist das passiert? Warum versank sie und woher kam sie überhaupt? Platon berichtet Folgendes:

Eines Tages erhob sich eine prächtige Insel aus dem Meer – Atlantis! Der Meeresgott Poseidon schenkte diese Insel seinen Söhnen. Diese bauten darauf eine Stadt aus Gold und edlem Metall. Doch ihre Erben vermischten sich immer mehr mit den Menschen. Diese Vermischung machte die Götter anfällig für menschliche Schwächen: Die Bewohner von Atlantis wurden machtgierig und unverschämt. Vielleicht gefiel das den Göttern nicht und sie beschlossen deshalb, die Stadt im Meer zu versenken – allerdings ist Platons Bericht dazu lückenhaft.

Fakt ist, dass diese sagenumwobene Stadt bis heute verschollen ist – ob es sie wirklich gibt, weiß niemand, doch die Suche geht weiter.

Gesellschaft in der Antike: Zu Gast bei den alten Griechen

Habt ihr euch auch schon mal gefragt, wer eigentlich bei einem griechischen Gastmahl teilnehmen durfte? Wie die Leute dort empfangen wurden und wie man dort aß? Nein? Dann kennt ihr ja noch gar nicht diese spannenden Fakten:

1. Bei griechischen Gastmählern durften nur Männer teilnehmen, Frauen waren nur bei Familienfesten eingeladen.

2. Sklaven empfingen die Gäste und wuschen ihnen die Hände und die Füße. Hygiene war den alten Griechen sehr wichtig.

3. Gegessen wurde nicht im Sitzen, sondern auf einer Art Liege.

Griechische Politiker: Drakonische Strafen

Drakonische Strafen bezeichnen heute besonders harte Strafen – doch woher kommt dieser Begriff eigentlich?

Der Name kommt von dem antiken Politiker Drakon. Dieser schrieb um 621 vor Christus die damals bekannten Strafen auf. So wollte er verhindern, dass Menschen das Gesetz selbst in die Hand nahmen und später sagten, sie hätten nicht gewusst, was sie erwartet. Einige antike Autoren behaupten, dass Drakon schon bei leichteren Verbrechen die Todesstrafe forderte. Ob dies wirklich so war, ist allerdings nicht bewiesen.

Nicht nur Drakon, sondern auch andere berühmte Griechen haben ihre Namen hinterlassen: So gibt es in der Medizin den „Hippokratischen Eid“ und in der Mathematik den „Satz des Thales“.

Bevölkerung im antiken Griechenland: Von Ameisen und Fröschen

Im Laufe der Antike wanderten viele Griechen aus Griechenland aus. Dafür gab es viele Gründe: Die Bevölkerung wurde zu groß, die Ernten waren schlecht und außerdem liebten die Griechen das Abenteuer. So verteilten sie sich nach und nach rund ums Mittelmeer. Sie gründeten über 150 Siedlungen vom Schwarzen Meer bis zu den Küsten in Südfrankreich und Spanien.

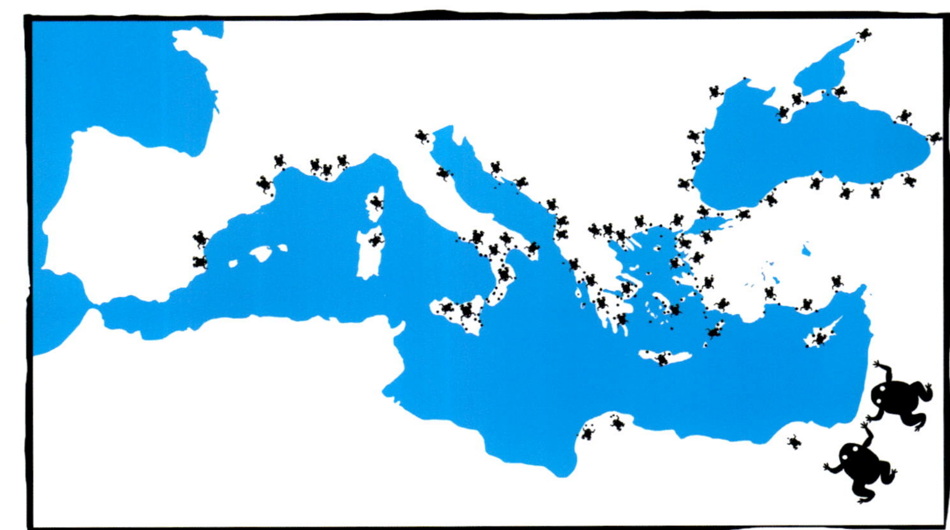

Der Philosoph Platon beobachtete diese Entwicklung und beschrieb die Auswanderungsbewegung und Ansiedlung der Griechen rund ums Mittelmeer mit folgenden Worten: „Wir sitzen wie Ameisen oder Frösche um einen Teich!“ Was für ein treffendes Bild!

Mädchen im antiken Griechenland: Eine Insel für die Reichen

Die Bildung von Mädchen wurde in der Antike oft vernachlässigt. Doch auf einer kleinen Insel im antiken Griechenland sah das anders aus! Doch wovon ist hier die Rede?

Gemeint ist die Insel Lesbos: Dort wurden einige ausgewählte Mädchen aus vornehmen Familien in den Bereichen Poesie, Gesang, Musik und Tanz ausgebildet. Unterrichtet wurden die Mädchen von Sappho – einer bedeutenden Dichterin der Antike. Sappho hatte auf Lesbos einen Mädchenkreis gegründet, um die Mädchen dort auf ihr Leben vorzubereiten. Diese Ausbildung war aber nur Mädchen aus reichen Familien gestattet.

Das war etwas Besonderes, denn in der Regel nahmen die Frauen im antiken Griechenland am öffentlichen Leben kaum teil. Ihre Hauptaufgaben beschränkten sich vor allem auf häusliche Arbeiten.

Gesundheit im antiken Griechenland: Von Diäten und der richtigen Ernährungsweise

Ursprünglich hatte der Begriff „Diät“ nichts mit Abnehmen zu tun. Er stammt aus dem antiken Griechenland und bezeichnet die „richtige Ernährungsweise“.

Antike Ärzte wie Hippokrates vertraten die Körpersaftlehre, nach der alle Körpersäfte im Einklang sein sollten. Wer sich schlecht ernährte, der brachte seine Körpersäfte durcheinander und wurde krank. Um das Gleichgewicht dieser Körpersäfte zu überprüfen, gab es seltsame Methoden: So probierten die Ärzte durchaus hin und wieder Ohrenschmalz oder Urin, um am Geschmack zu erkennen, welche Krankheit der Patient haben könnte.

Das macht man heute zum Glück nicht mehr! Für damalige Zeiten waren die Griechen aber im Bereich Medizin sehr fortschrittlich: Bereits 550 vor Christus wurde die erste medizinische Schule in Griechenland eröffnet.

Erfindungen: Technik der Antike

In Alexandria erwartete Tempelbesucher ein beeindruckendes Schauspiel: Tempeltüren, die sich wie von Magie einfach knarrend und quietschend öffneten. Doch wie war das möglich? Wurden die Türen wirklich von den Göttern geöffnet, wie behauptet wurde?

Für Besucher wirkte das so – doch die Gelehrten und Studenten aus Alexandria wussten es besser: Der Mathematiker Heron von Alexandria schaffte es geschickt, die Türen mechanisch zu öffnen. Mit einfachen Gegenständen wie einem Wasserbehälter, einem Schlauch, Feuer, einem Topf sowie ein paar Ketten und Rollen gelang es ihm, die Türen zu automatisieren. Erhitzte man das Feuer in der Erfindung, so öffnete sich die Tür. Löschte man das Feuer, schloss sie sich wieder.

Die Griechen waren ein äußerst einfallsreiches Volk und viele Erfindungen sind auf sie zurückzuführen.

Kolosseum: Kolossales Bauwerk

Jeder hat schon einmal vom Kolosseum in Rom gehört. Dort fanden im Alten Rom die Gladiatorenkämpfe statt! Doch das wusstet ihr bestimmt noch nicht:

Das Kolosseum konnte gut mit modernen Sportstadien mithalten: Über 50 000 Besucher konnten dort einen Platz finden.

Bei so viel Platz wollte man natürlich auch große Spektakel aufführen.

Daher war ein weiteres Schauspiel, das im Kolosseum stattfand, der Schiffskampf. Dabei wurde das Kolosseum geflutet. Anschließend wurden große Seekriege mit kleinen Schiffen für das Publikum nachgestellt.

Für freie römische Bürger war das Zuschauen kostenlos.
Der Grund: Die Herrscher wollten das Volk durch „Brot und Spiele“ für sich gewinnen.

Gladiatoren: Kämpfer-Vielfalt

Unter einem Gladiator stellt man sich einen starken Kämpfer mit Schwert und Rüstung vor – doch das war nur einer der vielen Gladiatorentypen. Hier das kleine ABC der seltsamsten Arten von Gladiatoren:

A wie *Andabates*, der blinde Gladiator.
E wie *Eques*, der Gladiator auf dem Pferd, oder auch *Essedarius*, der Streitwagenkämpfer.
S wie *Scissor*, der Schlitzer.
Und V wie *Venator*, der Kämpfer gegen wilde Tiere.

Übrigens kämpften spezielle Gattungen gezielt gegeneinander, um das Schauspiel besonders spannend zu machen. So kämpfte zum Beispiel der Murmillo, dessen Helm an einen Fisch erinnerte, gegen den Retiarius, der mit einem Netz, Armpanzer und Dreizack antrat.

Caligula: Cäsarenwahn?!

Eine Unterkunft aus Marmor, einen kleinen Palast, Halsschmuck aus Edelsteinen – dies alles soll Incitatus von Kaiser Caligula erhalten haben. Das wäre nichts Besonderes, wenn Incitatus eine wichtige Person am kaiserlichen Hof gewesen wäre – doch das war er nicht! Wer oder was war Incitatus dann?

Er war das Lieblingsrennpferd des Kaisers! Zuerst soll Kaiser Caligula dem Pferd teure Geschenke gemacht haben. Später heißt es auch, dass der Kaiser Einladungen an wichtige Personen im Namen des Pferds geschrieben haben soll. Doch dann ging er selbst für einen Kaiser zu weit: Um den Senat zu beleidigen, plante Caligula angeblich, sein Lieblingspferd zum Konsul zu machen – das ist das höchste Amt des Senats! Doch kurz zuvor wurde der Kaiser von seiner Leibgarde ermordet.

Diese Verschwörung wurde übrigens zum Teil vom Senat mitorganisiert – denn man war sich einig: Dieser Kaiser war verrückt!

Alltag: Übler Gestank

Habt ihr schon mal vom Müllberg Monte Testaccio gehört? Das ist ein Hügel in Rom, der fast vollständig aus Scherben besteht. Er ist etwa 50 Meter hoch.

Aber wie kam es dazu?

Mit dem Schiff wurden Glasbehälter angeliefert. Darin waren Olivenöl und scharfe Fischsauce. Das Öl und die Sauce wurden in kleine Gefäße umgefüllt und auf dem Stadtmarkt verkauft. Die leeren Glasbehälter wurden zerschlagen und weggeworfen. So türmten sie sich im Laufe der Zeit zu diesem Hügel auf. Da oft noch Reste von Öl und Fischsauce in ihnen waren, stank dieser Scherbenhaufen ganz schön!

Generell war die Müllentsorgung im Alten Rom sehr schlecht – was zu viel Gestank, Schmutz und auch Krankheiten führte. Heute ist der Hügel mit Gras und Bäumen bewachsen.

Kolosseum: Das Vomitorium

Das Kolosseum konnte in circa 15 Minuten rund 50 000 Menschen aufnehmen und innerhalb von fünf Minuten konnte es komplett geräumt werden. Dieses beeindruckende System nennt man „Vomitorium“. Doch was bedeutet das eigentlich?

Der Begriff stammt aus dem Lateinischen und bedeutet übersetzt „sich erbrechen“. Diese Bezeichnung wählte man, weil es für einen Beobachter so aussah, als würde das Kolosseum die Zuschauer ausspucken!

Schätzungen zufolge starben im Kolosseum etwa eine halbe Million Menschen und Millionen von Tieren bei den Kämpfen.

Heute dient das Kolosseum als Mahnmal gegen die Todesstrafe. Immer wenn ein Staat die Todesstrafe abschafft, wird es 48 Stunden bunt beleuchtet.

Gladiatorenkämpfe: Brot und Spiele

Dass im Kolosseum Gladiatoren kämpften, wisst ihr bereits. Doch sie waren nicht die einzigen Kämpfer im Kolosseum: Auch Millionen Tiere aus dem gesamten Machtbereich der Römer sollten das Publikum unterhalten – je außergewöhnlicher, desto besser.

Das führte dazu, dass manche Tierarten fast ausgerottet wurden: Das Nilpferd verschwand nach und nach aus der Nilregion Ägyptens. Auch Elefanten und Löwen verschwanden aus großen Teilen Afrikas.

Noch heute kann man im Kolosseum exotische Pflanzen finden. Vermutlich kamen die Samen mit den wilden Tieren aus aller Welt dorthin. Im Schutz der Mauern konnten sie sich dann prächtig ausbreiten.

Kolosseum: Eingang zur Hölle

Bei seiner Erbauung hieß das Kolosseum „Amphitheatrum Flavium“ – es wurde nämlich von den Flaviern errichtet. Doch woher kommt dann der Name „Kolosseum“?

Der Name trat erst im Mittelalter auf: Es ranken sich einige Legenden darum. Eine besonders schaurige erzählt folgende Geschichte: Angeblich feierte ein Teufelskult im Kolosseum seine gruseligen Messen. Am Ende soll der Priester seine Anhänger gefragt haben: „Colis eum?“. Das bedeutet „Huldigst du ihm?“, also „Betest du den Teufel an?“. Daraus soll der Name „Kolosseum“ entstanden sein. Die Sage passt zum düsteren Mittelalter.
Und auch zu dem mittelalterlichen Glauben, dass das Kolosseum der Eingang zur Hölle sei.

Wahrscheinlicher ist aber folgende Geschichte: Neben dem Amphitheater soll ursprünglich eine etwa 30 Meter hohe Kolossstatue für Kaiser Nero gestanden haben. Auf Latein heißt Kolossstatue „Colossus“. Nach dieser wurde das Gebäude dann wohl benannt.

Hannibal: Flusselefanten

Hannibal kam mit seinen Elefanten über die Alpen – bitte was? Mit Elefanten? Wie ging denn das bitte?

Na, zu Fuß! Elefanten können nämlich trotz ihres Gewichts sehr gut balancieren und vorsichtig auftreten. Wenn sie wollen, können sie gut schwimmen, klettern und laufen. Außerdem sind sie sehr gelenkig und ihre Füße sind gut geschützt. Aber auf dem Weg zu den Alpen gab es noch eine größere Herausforderung! Hannibal musste mit seinen Elefanten die Rhone überqueren. Das ist der wasserreichste Fluss Frankreichs. An der Stelle, an der er den Fluss erreichte, ist er mehrere hundert Meter breit. Das konnten nicht mal die besten Schwimmer unter den Elefanten schaffen. Also baute Hannibal für die Elefanten Riesenflöße! Die Überfahrt soll sieben Tage gedauert haben.

Seine Elefanten machen Hannibal zu einem gefürchteten Kriegsherrn.

Rom: Die Social-Media-Plattform der Römer

Im Alten Rom gab es schon eine frühe Form des Graffitis. Die Römer nutzten ihre Hauswände als eine Art WhatsApp der Antike. Sie schrieben allerlei Unsinn auf ihre Wände – von Liebesschwüren über Beleidigungen bis hin zu Prahlereien.

Die Wände wurden zudem für Werbung genutzt, wie z. B. „20 Gladiatorenpaare kämpfen in Pompeji. Tierhetze und Sonnensegel gibt's auch noch!" Oder auch für Wahlsprüche von Politikern: „Bitte wählt Gaius Julius Polybius zum Aedil. Er bringt gutes Brot".

In der Nähe eines Gasthauses war sogar Folgendes zu lesen: „Wir haben ins Bett gepinkelt, ich gestehe, es war unser Fehler. Wirt, wenn du fragst warum: Es war kein Nachttopf da."

Und auch folgenden Spruch gab es wirklich: „Ich staune, Wand, dass du nicht zerfallen bist, da du so viel Blödsinn von Schreibern ertragen musst."

Schönheit: Beautytipps der Römer

Wusstet ihr, dass schon die alten Römer Zahnaufhellung und Make-up kannten? Jedoch etwas anders als heute:

Um weiße Zähne zu bekommen, putzte man sie mit Salbei. Auch ein Gemisch aus Marmorstaub und Bimsstein machte die Zähne weißer. Weiße Zähne galten als schick. Und gegen Mundgeruch gab es ein besonderes Mittel, man kochte Frösche in Essig und verwendete das als Mundwasser.

Die Römer wollten nicht nur weiße Zähne, sondern auch helle Haut. Die Römerinnen nutzten dazu ein Make-up aus Kalk oder Bleiweiß. Das war wegen des Bleis sehr ungesund, galt aber als Zeichen von Schönheit. Auch die Männer versuchten, sich schick zu machen. Sie nutzten Cremes und eine Art Brotteig, um ihre Falten zu verstecken.

An diesen Informationen sieht man deutlich, wie wichtig Schönheit im Alten Rom war. Man gefährdete sogar seine Gesundheit, um zu den Reichen und Schönen zu gehören. Allerdings wussten die Römer das damals vermutlich noch nicht.

Alltag: Das nicht so stille Örtchen

Da die antiken Römer noch keine modernen Toiletten hatten, nutzten sie zuhause meist einen einfachen Nachttopf. Aber was, wenn sie unterwegs waren? Sie konnten den Nachttopf ja nicht einfach mitnehmen. Eine Alternative musste her!

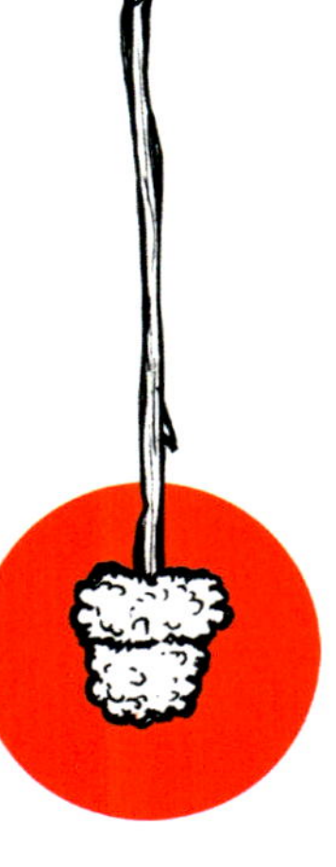

Die Lösung: Die Römer gingen unterwegs auf ein großes Gemeinschaftsklo – die sogenannte Latrine. Diese öffentlichen Toiletten gab es überall im Stadtgebiet. Dort trafen sich bis zu 20 Personen – sowohl Männer als auch Frauen! Und da es kein Klopapier gab, brauchte man auch hier eine kreative Lösung. Man benutzte einfach einen Schwamm. Dieser wurde in einem Essigbad gereinigt und – ebenfalls von allen gemeinsam benutzt.

Noch öffentlicher waren Pissoirs für Männer an öffentlichen Plätzen. Diese waren für viele Gruppen interessant. Für die Männer, die pinkeln mussten. Für die Gerber, die den Urin einsammelten, um damit Leder einzuweichen und Wäsche zu waschen. Und für die Kaiser, die über die Pissoirs Steuereinnahmen bekamen – daher stammt auch der Spruch „Geld stinkt nicht!".

Alltag: Wein am Morgen vertreibt Kummer und Sorgen

Was tranken die Römer eigentlich den ganzen Tag? Gab es damals schon Fanta und Spezi? Oder trank man immer nur Wasser?

Ganz und gar nicht! Viele Römer tranken schon zum Frühstück Wein. Der galt als gesünder als das Brunnenwasser, denn im Brunnenwasser tummelten sich viele Bakterien. Allerdings wurde der Frühstückswein meist verdünnt.

Am Abend sah das anders aus: Jede Trinkgesellschaft benannte einen Trinkmeister. Der Trinkmeister entschied, wie der Wein verdünnt wurde. Je großzügiger der Trinkmeister, desto mehr Wein und weniger Wasser und desto länger und lustiger der Abend.

In der Geschichte spielt Alkohol oft eine große Rolle – die Ägypter bezahlten die Pyramidenbauer mit Bier, die Griechen feierten Feste zu Ehren des Weingottes und auch die Römer waren keine Ausnahme!

Kolosseum: Antike Lotterie

Dass man im Kolosseum Gladiatoren und Tieren beim Kämpfen zusehen konnte, wisst ihr bereits. Aber kennt ihr auch diesen spannenden Programmpunkt?

Im Kolosseum fand regelmäßig eine Lotterie statt, an der jeder teilnehmen durfte. Dabei war es egal, welchen Status man hatte – vom Adeligen bis zum einfachen Bauern durfte jeder teilnehmen. Akrobaten warfen markierte Holzkugeln ins Publikum. Die Zuschauer versuchten, die Bälle zu fangen. Wer auf seiner Kugel ein bestimmtes Zeichen entdeckte, hatte ein Gewinnerlos. Die Preise reichten von Lebensmitteln und Kleidung über Gold und Silber bis hin zu Pferden und sogar Sklaven!

Die Unterhaltung des Publikums mit Schauspiel und Attraktionen im Kolosseum war für die römischen Kaiser sehr wichtig. Sie sicherten sich so das Wohlwollen der Bevölkerung.

Berufe: Seltsame Tätigkeiten

Ihr kennt sicherlich schon die typischen Berufe im Alten Rom, wie z. B. Gerber, Händler und Soldat. Aber was genau ist ein Urinwäscher und womit verdient ein Beerdigungsclown sein Geld?

Der Urinwäscher hatte eine Wäscherei, in der die Stoffe mit menschlichem Urin gewaschen wurden. Der Urin wurde aus öffentlichen Toiletten eingesammelt und zehn Tage gelagert. Das Ammoniak im Urin reinigte die Wollstoffe besser als Wasser. Diesen Beruf gab es in England übrigens bis 1935.

Der Beerdigungsclown war ursprünglich Teil der antiken griechischen Komödie. Später wurde er auch abseits der Bühne eingesetzt. Im Alten Rom ahmten die Beerdigungsclowns den Toten auf seiner Beerdigung nach. Sie ahmten die Stimme, das Aussehen und das Benehmen des Toten nach – um die Gäste zu unterhalten und den Toten zu ehren.

Zeitrechnung: Variable Stunden

Im Alten Rom gab es noch keine Digitaluhren und auch keine Smartphones. Aber woher wusste man dann, wie spät es war?

Der Tag wurde in zwölf Stunden von Sonnenaufgang bis Sonnenuntergang eingeteilt. Da die Tage je nach Jahreszeit länger oder kürzer sind, waren auch die zwölf Stunden entsprechend länger oder kürzer. So kam es, dass eine Stunde am kürzesten Tag etwa 44 Minuten dauerte. Am längsten Tag im Sommer dauerte sie etwa 75 Minuten.

Die Einteilung des Tages in Stunden hatte übrigens militärische Gründe. Zuerst wurde die Nacht in vier Teile aufgeteilt, damit sich die Nachtwache abwechseln konnte. Erst später wurde dann auch der Tag aufgeteilt.

Kaiser und Könige: Gift!

Trotz ihrer unterschiedlichen Herrschaftsgebiete hatten antike Herrscher häufig auch Gemeinsamkeiten – so zum Beispiel König Mithridates von Pontos und Claudius, der Kaiser des Römischen Reiches. Sie hatten beide Angst – doch wovor?

Vor einem Giftanschlag! König Mithridates fürchtete sich davor, seit sein Vater vergiftet wurde. Um sich zu schützen, nahm er jeden Tag Gegengift ein. Angeblich wurde er dadurch immun gegen jedes Gift und nicht mal sein eigener Selbstmordversuch klappte.

Auch Kaiser Claudius war vor Giftanschlägen nicht sicher. Doch damit hatte er nicht gerechnet: Beim Staatsbankett mischte seine Frau Agrippina ihm anscheinend Gift ins Essen. Sofort kam ein Arzt mit einer Vogelfeder angerannt. Diese steckte man Leuten in den Hals, um sie dazu zu bringen, sich zu übergeben. Doch der Arzt steckte mit Agrippina unter einer Decke – die Feder war ebenfalls vergiftet.

Generell waren Giftmorde im Alten Rom sehr verbreitet. So konnte man unbeliebte Herrscher möglichst unauffällig beseitigen.

Gladiatoren: Wundersame Körpersäfte

Ihr wisst bestimmt, dass erfolgreiche Gladiatoren als echte Helden gefeiert wurden. Aber wusstet ihr, dass auch ihr Blut und ihr Schweiß verehrt wurden?

Man dachte, dass ihr Blut Krankheiten heilen könnte. Also sammelte man es und verabreichte es Patienten. Außerdem dachte man, dass der Tod eines Gladiators ein heiliges Opfer sei. Das Opferblut galt als Zaubertrank.

Und auch ihr Schweiß galt als Wundermittel: Er wurde als starker Liebestrank verkauft. Der Schweiß wurde dazu in Badehäusern von den Gladiatoren abgewaschen, gesammelt und anschließend in Cremes gemischt.

Im Alten Rom gab es viele verrückte Meinungen zu den verschiedenen Körperflüssigkeiten – wie auch im antiken Griechenland und auch im Mittelalter. Das Wissen über diese Flüssigkeiten nennt man Körpersaftlehre.

Soldaten: Gefürchtete Kämpfer

Am Anfang bestand Roms Armee nur aus örtlichen Bauern. Doch was veränderte sich? Wieso wurde Rom zu einem Weltreich mit einer riesigen Armee?

Der Grund war der Galliersturm um 390 vor Christus. Die Römer wurden überrannt und fast ausgelöscht. Sie mussten eine hohe Geldsumme zahlen, damit die Angreifer abzogen. Daraus lernten sie: Eine bessere Verteidigung muss her!

Sie begannen, eine starke Legion mit hartem Training auszubilden. Dazu kämpften die Soldaten jeden Morgen mit Holzwaffen – diese Waffen wogen doppelt so viel wie die normale Ausrüstung eines Soldaten! Außerdem lernten sie schwimmen, reiten und im Gleichschritt laufen. In circa fünf Stunden mussten sie etwa 30 Kilometer laufen – und dann dieselbe Strecke zurück, und zwar mit vollem Gepäck!

All dies half: Das römische Heer wurde zu einem der gefürchtetsten Heere der Geschichte.

Mythologie: Grandiose Gottheiten

Von den Göttern Jupiter, Juno und Neptun habt ihr sicherlich schon gehört. Aber was ist mit Laverna und Cardea? Wer waren die beiden noch gleich?

Laverna war für die finsteren Gesellen des Alten Roms da. Sie galt tatsächlich als Schutzgöttin der Diebe und Betrüger! Vermutlich gehörte sie zu den Göttern der Unterwelt.

Cardea war da schon sehr viel freundlicher. Sie war die Göttin der Schwellen, Türscharniere und Türgriffe! Damit war sie eine Sondergottheit – wie auch Forculus: der Gott der Türpfosten! Laut dem Dichter Ovid hat Cardea die Macht, „zu öffnen, was geschlossen ist, und zu schließen, was geöffnet ist“.

Spannend, oder? Doch diese beiden sind nur eine kleine Auswahl der zahlreichen Gottheiten, die die Römer anbeteten. Sie hatten allein schon zwölf Hauptgötter und darüber hinaus unzählige Nebengötter!

Essen: Römische Delikatesse

Eine berühmte römische Delikatesse hieß Garum. Klingt nicht so lecker? Ist es auch nicht!

Für die „Leckerei“ wurden kleine Fische oder Fischabfälle und -innereien mit viel Salz gewürzt und für mehrere Monate in die Sonne gestellt. Ab und zu rührte man die stinkende Suppe um.
Nach ein paar Monaten wurde die Flüssigkeit abgeschöpft, die dabei entstand, und so lange gefiltert, bis man eine bernsteinfarbene Flüssigkeit erhielt: das Garum.
Das Ganze wurde dann als Würzsauce verwendet.
Die Sauce musste außerhalb von Ortschaften produziert werden.
Der Grund: Der Gestank war einfach fürchterlich!

Ein Produkt wie dieses gibt es übrigens auch heute noch: in Asien. Dort wird eine sehr teure Fischsauce auf ähnliche Weise hergestellt.

Mythologie: Der Gott mit den zwei Gesichtern

Habt ihr schon mal vom römischen Hausgott Janus gehört? Wer war das? Und wen sollte er schützen?

Janus war der Gott der Türen und des Anfangens: Er sollte die Haustür und die Stalltür beschützen. Um dies zu tun, hatte er zwei Gesichter – eines nach innen und eines nach außen. Er wurde vor allem am Hausaltar angebetet. Ihm wurde sogar der erste Monat des Jahres und der erste Tag jedes Monats gewidmet. Beim Monat erkennt man das gut, denn dieser heißt bis heute dank seinem Namensgeber „Januar“. Janus war für die Römer sehr wichtig – er wurde auch auf ihre ersten Münzen geprägt und zu Beginn jedes Gebetes angerufen.

Abgesehen von Janus hatten die Römer übrigens noch viele weitere Hausgötter, aber das ist eine andere Geschichte …

Die Auguren: Das Collegium Augurum

Dass es in Rom viele verschiedene Ämter gab, ist den meisten bekannt. Doch was genau ist ein Augur? Was hat es mit diesem „Amt“ auf sich?

Die Auguren waren Priester, die verschiedene Zeichen deuten sollten, um den Willen der Götter herauszufinden. Irgendwann hatten sie so viel Arbeit, dass sie sich in einer großen Gruppe zusammenschlossen – dem Collegium Augurum. Um den Willen der Götter zu erfahren, nutzten sie drei Arten von Anzeichen: Himmelszeichen, wie Blitz und Donner, Vogelflug und Hühner. So wurde zum Beispiel im Krieg die Fresslust der Hühner beobachtet. Fraßen die Hühner schnell, war das ein gutes Zeichen. Fraßen sie langsam, dann würde der Feind gewinnen.

Den Römern war es wichtig, die Wünsche ihrer Gottheiten zu befriedigen. Sie glaubten, dass die Götter sie beschützen, aber auch bestrafen konnten.

Mythologie: Götter des Alltags

Im Alltag der Römer spielten die Götter eine große Rolle – für fast jedes Ereignis gab es einen eigenen Gott:

So gab es zum Beispiel nicht nur die Göttin der werdenden Mütter, sondern auch die Göttin für den ersten Schrei des Kindes, die Göttin für das Durchtrennen der Nabelschnur, die Göttin für das Hochheben des Kindes, …

Außerdem gingen die Römer sehr praktisch mit ihren Göttern um: Sie riefen immer genau die Gottheit an, die für das aktuelle Problem zuständig war. Zudem opferten sie den Göttern nur dann etwas, wenn sie das Gefühl hatten, dass die Götter ihnen wirklich geholfen hatten. Wenn geopfert wurde, musste alles genau nach Plan laufen. Ging etwas schief, musste man von Neuem beginnen.

So kamen also zu den zwölf Hauptgöttern der römischen Mythologie noch unzählige weitere Götter mit speziellen Aufgaben hinzu. Heute kennt man nur noch wenige dieser Götter und noch weniger von ihren Mythen.

Kriege: Asterix gegen die Römer – die wahre Geschichte

Jeder kennt den ewigen Kampf zwischen dem Gallier Asterix und Cäsar aus Comics und Filmen. Doch wie war das eigentlich wirklich?

Es gab wirklich einen Kampf zwischen Römern und Kelten – die Kelten wurden von den Römern „Gallier" genannt. Im 1. Jahrhundert vor Christus wollte Cäsar mit seinen Truppen ganz Gallien unterwerfen. Der Gallische Krieg dauerte sieben Jahre. Einer der stärksten Gegner war Vercingetorix, der später zum Vorbild für Asterix wurde. Er vereinte die Gallier und führte sie zum Kampf gegen Cäsar. 52 vor Christus kam es zum entscheidenden Duell. Der Kampf dauerte vier Tage und lange war nicht klar, wer siegen würde. Doch am Ende triumphierten die Römer – anders als bei Asterix.

Cäsar verfasste einen Bericht über den Gallischen Krieg. Er stellte die Gallier als Barbaren und Kannibalen dar. Das ist vermutlich frei erfunden, doch die Gallier haben leider keinen Bericht verfasst – deshalb prägt dieser Bericht bis heute das Bild von ihnen.

Sprache: Altertümliche Redewendungen

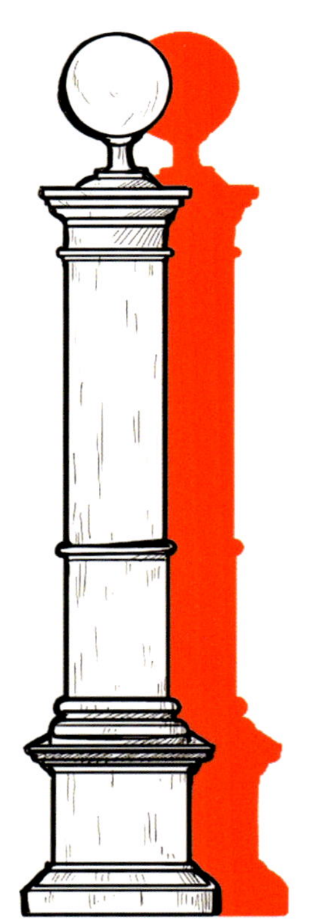

Habt ihr schon mal den Ausspruch „Alle Wege führen nach Rom“ gehört? Er bedeutet, dass es verschiedene Lösungen für ein Problem gibt. Aber woher kommt er eigentlich?

So genau weiß man das nicht. Aber man vermutet, dass er daher kommt, dass Rom in der Antike das Zentrum für Kultur, Politik und Wirtschaft war. Außerdem hatte Kaiser Augustus wohl im Jahr 20 vor Christus eine vergoldete Säule in Rom aufgestellt. Auf der Säule standen alle Hauptstädte der Provinzen des Römischen Reichs – und deren jeweilige Entfernung zu Rom. Für die Betrachter der Säule sah es also so aus, als ob alle Wege nach Rom führen würden.

Viele Aussprüche und Redewendungen kommen aus dem Alten Rom. Dort lebten viele kluge Menschen und einiges von dem, was sie sagten, sagen wir auch heute noch so.

Strafen: Kleine Sünden

Habt ihr auch schon mal über jemanden gelästert?
Oder habt ihr mal ein Lied ganz schief nachgesungen?
Damit wärt ihr im Mittelalter nicht durchgekommen –
auch kleine Ausrutscher wurden damals streng bestraft!

Eine beliebte Bestrafung war die Schandmaske.
Dabei wurde dem Übeltäter eine Maske aufgesetzt, die seine Tat darstellte. Leute, die schlecht über andere sprachen, mussten die „lange Zunge" tragen. Und eine Schweinemaske zeigte, dass der Träger zu viel Wein und Bier getrunken hatte.

Auch schlechte Musiker wurden hart bestraft: Man legte ihnen die Schandflöte um! Das ist eine Daumenschraube, die aussieht wie eine Flöte. Der Musiker sah aus, als würde er ganz einfach eine Flöte spielen – hatte dabei aber große Schmerzen.

Dies sind nur einige der vielen Strafen im Mittelalter. Es gab auch noch viel schlimmere – das Mittelalter heißt nicht umsonst auch „das Dunkle Zeitalter".

Sprache: Narrenesel und Co.

Im Mittelalter war man nicht so höflich und freundlich wie heute. Auch öffentliche Beleidigungen gehörten zum alltäglichen Leben. Aber wie beschimpfte man sich eigentlich im Mittelalter?

Schimpfwörter gab es viele: vom „Narrenesel“ über den „Pfaffenfurz“ bis hin zum „Schalk“ war alles dabei.

Weitere beliebte Schimpfwörter des Mittelalters waren „Du Affe!“ und „Du Zipfeler!“. Diese waren dicht gefolgt von der Beleidigung: „Du stinkender Tellerlecker!“.

Für heimliches Lästern und Lügen wurde man im Mittelalter streng bestraft. Öffentliche Beleidigungen waren dagegen ein fester Bestandteil in jedem mittelalterlichen Dorf – sie galten als erlaubt und ganz normal. Gut, dass sich die Zeiten geändert haben!

Strafverfolgung: Anwalt der Kleinen

Ratten vor Gericht? Wo gibt's denn sowas? Na, im Mittelalter:

Im Jahr 1508 plünderten Ratten die Ernte der französischen Stadt Autun. Daraufhin wurden sie vor Gericht angeklagt und sollten bestraft werden. Zum Glück hatten sie einen guten Anwalt: Barthélemy de Chasseneuz beschloss, die Ratten zu verteidigen! Als die Ratten beim Verhör nicht erschienen, hielt er eine feurige Rede: Er verlangte, den Ratten mehr Zeit zu geben. Sie sollten vor Gericht kommen dürfen, wie auch die Menschen. Und – die Richter waren einverstanden! Aber auch beim zweiten Verhör erschienen die Ratten nicht. Dieses Mal erklärte Barthélemy, dass jeder Angeklagte das Recht habe, ohne Gefahr zum Gericht zu kommen. Das sei für die Ratten schwer, weil sie an den ganzen Hunden und Katzen vorbei müssten. Daher beantragte er noch einmal mehr Zeit für die Ratten. Und – die Richter waren wieder einverstanden. Hier enden leider die Berichte über diesen kuriosen Prozess.

Wir können also nur rätseln, was mit den Ratten schließlich passierte …

Burgen: Achteckiges Rätsel

In Italien steht ein Bauwerk, das Wissenschaftlern bis heute ein Rätsel ist: das Castel del Monte. Diese Burg wurde von Kaiser Friedrich II. errichtet. Doch was macht sie so besonders?

Das Rätsel liegt in ihrer Bauweise! Die Burg ist nämlich achteckig – doch damit nicht genug! Sie hat außerdem acht Türme – und die sind auch achteckig. Außerdem hat sie acht Außenfenster und zwei Etagen mit – wie soll es auch anders sein – wiederrum acht Räumen. Die Wissenschaftler streiten bis heute über den Zweck der Burg und ihre auffällige Form. Vielleicht verband der Kaiser mit achteckigen Gebäuden wichtige Ereignisse? Schließlich wurde er auch in einer achteckigen Pfalzkapelle, nämlich der in Aachen, zum König gekrönt. Oder die Burg wurde anhand einer bestimmten Sternkonstellation erbaut oder vielleicht mochte Friedrich einfach den Baustil?

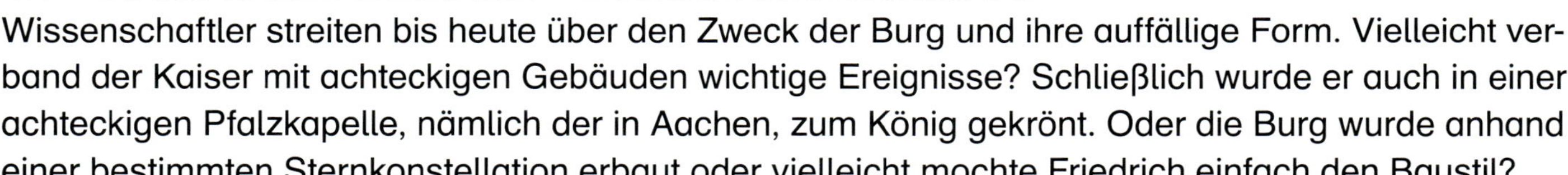

Diese und viele weitere Theorien kursieren um diese rätselhafte Burg. Und das ist ganz typisch für das Mittelalter. Es hinterließ uns viele Rätsel und noch mehr Theorien.

Ritter: Auf zum Turnier

Ihr habt sicherlich schon von den Ritterturnieren im Mittelalter gehört. Aber kennt ihr auch diese Details?

Die Teilnahme an den Turnieren war für jeden Ritter wichtig – man konnte sich so präsentieren und sein Reitgeschick beweisen. Um aufzufallen, richtete man sich schön her: Die Ritter schmückten ihre Helme mit ausgestopften Tieren, Puppen und vielen weiteren Dekorationen. Jeder Ritter hatte ein eigenes Wappen – dies war sein Erkennungszeichen.

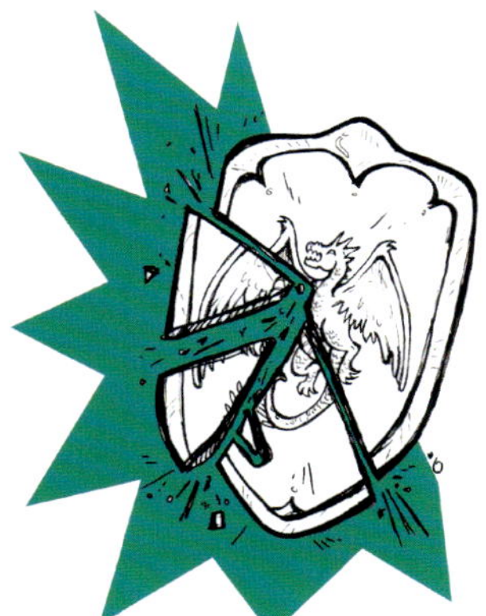

Auf den Turnieren wurden außerdem große Spektakel vorgeführt. Dazu nutzte man häufig präparierte Schilde. Wenn man sie mit der Lanze an der richtigen Stelle traf, zersprangen sie einfach! Ein richtiger Hingucker!

Ritter waren im Mittelalter sehr angesehene Personen. Man konnte nur durch ein Ritual – den Ritterschlag – in diese Gruppe aufsteigen.

Wohnen: Dunkel, kalt und gefährlich!

Heute ist es – zumindest in Deutschland – ganz normal, in einer schönen und warmen Wohnung zu leben. Doch für die Menschen im Mittelalter war das nicht vorstellbar! Wie lebten die eigentlich?

Sie lebten gefährlich! Im Haus war es sehr dunkel und eng. Das führte zu vielen Verletzungen. Und auch die steilen Treppen waren im Dunkeln gefährlich. Außerdem wurde mit offenem Feuer gekocht – das führte oft zu Bränden. Da die Häuser sehr eng beieinanderstanden, breiteten sich die Brände schnell aus.

Außerdem lebte man im Kalten. Heizungen gab es noch keine und die kleinen Fenster waren meistens nicht verglast. In zweistöckigen Häusern war oft ein Stall im Erdgeschoss. Die Tiere, die darin lebten, erzeugten Hitze und wurden so zur natürlichen Fußbodenheizung für das Stockwerk darüber.

Im Mittelalter fanden Leben und Arbeiten meistens unter einem Dach statt. Büros gab es noch nicht, seine Werkstatt hatte man zu Hause.

Mode: Mittelalterliche High Heels

Ein Graf auf Stöckelschuhen? Klingt seltsam – war aber wirklich so! Und das ist die Geschichte dahinter:

Mit einfachen Schuhen aus Stoff war es für die Adeligen im Mittelalter schwer, durch die Stadt zu spazieren, denn die Straßen waren voller Dreck. Eine Lösung musste her! So kam es zur Erfindung der Trippen – das waren hölzerne Unterschuhe, die unter den genähten Schuhen befestigt wurden. Mit diesen mittelalterlichen Stöckelschuhen konnte man endlich sauber durch die Stadt wandern. Die Erfindung kam zwar zunächst von den Adeligen, doch schon bald nutzten sie auch die Bürger. Das Wort Trippen kommt wahrscheinlich von dem Geräusch, das die Schuhe beim Laufen erzeugten.

Die Städte im Mittelalter waren sehr schmutzig – es gab nämlich noch keine Müllabfuhr. Zudem waren die Straßen meist nicht gepflastert und nur schwer begehbar.

Medizin: Krankheiten und Heilmittel

Die meisten Krankheiten aus dem Mittelalter sind für uns heute kein Problem mehr. Doch damals waren sie gefährlich und sogar tödlich. Doch was wusste man im Mittelalter über Krankheiten?

Tatsächlich wusste man recht wenig – sowohl über die Krankheiten als auch über Heilungsmöglichkeiten. Magie und Hexerei galten als ernsthafte Erklärungen. Daher kommen auch einige Namen von Krankheiten, die es heute noch gibt, wie z. B. der Hexenschuss. Damals glaubte man, dass diese Krankheit den Menschen von übernatürlichen Wesen mit einem Pfeilschuss zugefügt wurde. Man glaubte aber auch, dass es für jeden Zauber den richtigen Gegenzauber gab. Als beliebtes Mittel gegen allerlei Krankheiten nutzte man Mumienpulver. Es war so begehrt, dass es davon auch viele Fälschungen gab.

Im Mittelalter gab es viele unbekannte Krankheiten und noch mehr seltsame Theorien, wie man sie heilen konnte.

Medizin: Von Medicus, Bader und Hebammen

Heute haben wir für jeden Bereich einen eigenen Arzt – vom Ohr bis zum Fuß gibt es Spezialisten. Aber wie war das im Mittelalter?

Schon damals gab es verschiedene Bereiche – aber nicht so viele wie heute. Die drei bekanntesten sind der Medicus, der Bader und die Hebamme.

Der Medicus war ein ausgebildeter Arzt. Er wurde von den einfachen Leuten oft als „Maul- oder Bucharzt" bezeichnet – denn er hatte sein Wissen nicht aus der Praxis, sondern aus Büchern. Für blutige Arbeiten wurde der Bader benötigt. Der Bader war ein niederer Heilberuf. Er war zum Beispiel fürs Zähneziehen zuständig. Schrie ein Patient dabei zu laut, wurden seine Schreie durch Musik übertönt – das zog häufig Publikum an. Dann gab es noch die Hebammen. Sie halfen dabei, Kinder zur Welt zu bringen, und kannten sich auch mit Kräutern sehr gut aus. Als es im 16. Jahrhundert zu großen Hexenverfolgungen kam, mussten sie ihr vielseitiges Wissen über Kräuter aber verstecken, um nicht selbst als Hexen verbrannt zu werden.

Burgen: Beeindruckende Bauten

Im Mittelalter gab es einen Burgenboom. Schätzungen zufolge gab es am Ende des Mittelalters mehr als 20 000 Burgen. Doch wie wurden diese prächtigen Werke eigentlich erbaut?

Das Bauen so vieler Burgen war nur möglich, weil man ein wichtiges Werkzeug aus dem Alten Griechenland wiederentdeckte: die sogenannte „Magna Rota". Das war eine Art riesiges Hamsterrad. Es funktionierte wie ein Kran. Im Alten Griechenland wurde es zum Bau von Tempeln eingesetzt und tauchte im 13. Jahrhundert in Frankreich wieder auf.

Viele Burgen verschwanden im Laufe der Zeit, weil die Bewohner die ungemütlichen Bauten verließen.
Die umliegende Bevölkerung nutzte die verlassenen Burgen dann als Steinbrüche für ihre eigenen Häuser.

Medizin: Körpersaftlehre

Im Mittelalter glaubte man, dass es vier Körpersäfte gebe: Blut, Schleim, gelbe Galle und schwarze Galle. Man glaubte, diese vier Säfte müssten ausgeglichen sein, damit man gesund ist. Dazu nutzte man die folgenden drei Methoden:

1. Schröpfen: Die Haut des Patienten wurde aufgeschnitten. Dann wurde das Innere eines Glases erhitzt und auf die Wunde gedrückt. So wurde die Haut vom Glas angesaugt – und das „schlechte“ Blut wurde herausgesaugt.

2. Blutegel: Die kleinen Tiere wurden am Körper angelegt und sollten das „schlechte“ Blut absaugen. Man nutzte etwa zehn Blutegel, um 300 ml Blut abzusaugen.

3. Aderlass: Hierbei wurde dem Patienten bis zu ein Liter Blut abgelassen. Der Patient fühlte sich dann oft besser. Das lag aber nur daran, dass er dann so benommen war, dass er die Krankheit nicht mehr spürte. Diese Praxis machte manche Patienten sogar süchtig und noch kranker.

Speisen: Zu Tisch im Mittelalter

Wir essen heute einfach, worauf wir Lust haben – doch das war nicht immer so!
Im Mittelalter gab es einen ganz anderen Speiseplan – aber hört selbst:

Die Bauern waren im Mittelalter die größte Bevölkerungsgruppe. Auf ihrem Speiseplan standen hauptsächlich Getreidebrei und Brot! Viel Fleisch? Fehlanzeige! Dieses war teuer. Außerdem durften die Bauern nicht jagen gehen, denn das war ein Recht des Adels. Als warme Mahlzeit gab es daher meist Suppen und Eintöpfe. Zu trinken gab es hauptsächlich Bier. Das galt auch als Grundnahrungsmittel und schon die Kinder tranken es!

Bei den Reichen sah das anders aus: Hier gab es nicht nur Fleisch von Schweinen, sondern sogar ganz außergewöhnliches Fleisch: von Hirschfleisch über Pfauen- bis hin zu Lerchenfleisch war einfach alles dabei!

Im Mittelalter gab es eine Ständegesellschaft. Diese unterschied sich in allerlei Lebensbereichen – auch beim Essen.

Strafverfolgung: Tierische Täter

Wenn man in mittelalterlichen Prozessakten stöbert, stößt man auf Unglaubliches:

Im Jahr 1386 wurde in Frankreich ein Verurteilter in einem Anzug zum Galgen geführt. Sein Verbrechen: der Mord an einem Kleinkind. Das Besondere war: Der Verurteilte war kein Mensch, sondern ein Schwein!

Einige Jahre später wurde in Basel ein schwarzer Hahn festgenommen. Ihm wurde vorgeworfen, ein Ei gelegt zu haben! Man machte kurzen Prozess mit dem kriminellen Hahn und verurteilte ihn zum Tode – ihm wurde der Kopf abgeschlagen! Aber warum taten die Menschen das?

Sie glaubten, dass die Tiere von Dämonen besessen seien und dass man diese Dämonen durch das Töten der Tiere wieder los wird. Vermutlich wurden so im Mittelalter mehrere hundert Tiere von den Gerichten verurteilt. Die kriminellsten Tiere waren übrigens Schweine.

Luxusgüter: Leben in Saus und Braus

Luxus verbinden wir heute mit teuren Autos, der neuesten Spielekonsole und einem großen Whirlpool – doch solche Dinge gab es im Mittelalter noch nicht. Was galt damals als Luxus?

Als Luxus galten zum Beispiel Fenster mit Glas. Früher wurden die Fenster nämlich nur mit Holz, Stroh und Pergament abgedeckt – das war ganz schön kalt! Es gab zwar schon Glas, doch das war aufwendig herzustellen und sehr teuer.

Ein weiterer Luxus waren feine Speisen. Mit Fleisch von Fasanen, Wachteln, Kranichen und Schwänen wollte man allen seinen Reichtum zeigen. Um sich dieses Fleisch leisten zu können, machten viele Burgbesitzer sogar Schulden.

Luxus im Mittelalter bedeutete also etwas ganz anderes als heute. Auch in vielen anderen Bereichen unterscheiden sich die damaligen Vorstellungen sehr von den heutigen.

Adelige: Was das Mittelalter mit Bluetooth gemeinsam hat

Mit Bluetooth kann man Daten übertragen, wie mit dem WLAN oder dem mobilen Internet. Doch was hat das mit dem Mittelalter zu tun?

Dazu müssen wir zurück ins Jahr 958 und uns den dänischen König genauer ansehen. Darf ich vorstellen: Harald Blauzahn – auf Englisch „Bluetooth". Harald Blauzahn hat Gebiete versöhnt, die Krieg gegeneinander führten.

1990 wurde nach ihm die Datenübertragung „Bluetooth" benannt, um seine Fähigkeit zur Einigung zu ehren. Das Bluetooth-Logo setzt sich übrigens aus den Runen ᚼ (h) und ᛒ (b) zusammen und steht somit für seine Initialen H und B!

Viele mittelalterliche Herrscher vollbrachten große und wichtige Dinge – doch meistens erhielten sie dafür eine Ehrenstatue oder einen Straßennamen. Dass man die Datenübertragung nach ihnen benennt, ist schon etwas Besonderes!

Burgen: Ganz schön kalt hier!

In den Badestuben der mittelalterlichen Burgen wurde nicht nur gebadet. Dort war es schön warm – gerade in den kalten Jahreszeiten aß oder arbeitete man dort auch. Doch dies konnte auch zu komischen Situationen führen. Das behauptet zumindest die mittelalterliche Erzählung „Der nackte Bote“:

In der Erzählung wird ein Knecht zu einem Lehnsmann geschickt. Als er dort ankommt, schickt man ihn in die Badestube. Der Knecht freut sich auf ein warmes Bad und zieht sich nackt aus. Dann betritt er die Badestube – doch die wird in der kalten Jahreszeit vom Lehnsherrn als Arbeitszimmer genutzt!

In den Burgen war es generell immer sehr kalt. Die Badestube war der einzige beheizte Ort. Zudem nutzte man Felle und Teppiche an den Wänden, um die Burg zu isolieren und zu heizen.

Bräuche: Oh du mittelalterliche Weihnachtszeit!

Ein Weihnachtsbaum, schöne Geschenke und leckere Plätzchen sind an Weihnachten kaum mehr wegzudenken. Aber war das schon immer so? Gab es im Mittelalter schon Weihnachtsbräuche?

Krippenspiele gab es tatsächlich schon ab dem 11. Jahrhundert. Der Brauch, eine Krippe aufzustellen, kann sogar bis ins 5. Jahrhundert zurückverfolgt werden.

Auch Tannengrün verwendete man schon seit vorchristlicher Zeit, um das Haus zu schmücken. Den Tannenbaum als Gesamtpaket gibt es aber erst seit dem 17. Jahrhundert.

Zudem tauchten auch Weihnachtsmärkte schon im 14. Jahrhundert auf, damals war es aber vor allem ein Fleischmarkt.

Weihnachten wurde bereits lange vor dem Mittelalter gefeiert. Einige Bräuche stammen zwar aus dieser Zeit, andere sind aber auch älter oder jünger.

Gesellschaft: Skurrile Tode

In allen Epochen gibt es seltsame Tode – so auch im düsteren Mittelalter. Hier hatten die seltsamen Todesfälle oft mit Alkohol zu tun – wie auch in diesen Beispielen:

Um 762 hatte Li Bai, ein chinesischer Dichter, etwas zu viel Alkohol getrunken. Er ertrank in einem Fluss, als er versuchte, das Spiegelbild des Mondes zu umarmen.

Noch ärmer dran war der König von Navarra. Er litt an einer Krankheit und musste sich abends in Tücher einwickeln lassen, die in Alkohol getränkt waren. Eines Abends kam ein Diener mit der Fackel zu nahe an ihn heran. Da Alkohol leicht brennbar ist, stand der König kurze Zeit später in Flammen! Er verstarb an seinen Verletzungen.

Das Mittelalter war eine dunkle Epoche und diese Beispiele sind nur eine kleine Auswahl an skurrilen, aber auch erschreckenden Todesfällen aus dieser Zeit.

Kindheit: Nur harte Arbeit?

Im Mittelalter gab es noch keine Computer und auch keine Brettspiele oder gar Handys! Aber womit spielten die Kinder dann eigentlich?

Zu den ältesten Spielzeugen gehören Kreisel, Reifen und Rasseln. Außerdem spielten die Kinder gerne mit Murmeln – aber keine Glasmurmeln, wie wir sie heute kennen. Damals gab es Tonmurmeln.

Die Spielzeuge der Kinder aus reicheren Familien erinnern schon eher an heute. Dort spielte man mit Holzschwertern und mit Puppen – das kommt einem doch schon eher bekannt vor, oder?

Neben Spiel und Spaß musste man im Mittelalter allerdings auch harte und schwere Arbeit leisten. Die Kinder halfen ihren Eltern schon früh im Haus oder auf den Feldern.

Gesellschaft: Namenskunde

Habt ihr euch schon mal gefragt, woher euer Nachname stammt? Nachnamen entstanden im Mittelalter und die meisten entstanden auf eine von fünf Arten:

Zum einen gab es die Ableitung aus dem Beruf. Daraus entstanden Namen wie „Fischer", „Bäcker", „Metzger" und „Schmied". Andere Nachnamen leiteten sich aus dem Vornamen des Vaters ab. Dazu gehörte zum Beispiel der Nachname „Gustavson", der Sohn des Gustavs. Eine weitere Möglichkeit war die Ableitung aus Sätzen und Redensarten. So entstanden Nachnamen wie „Lachnit" – das war jemand der nie lacht – oder „Ohnesorge". Auch Spitznamen wurden mit der Zeit zu neuen Nachnamen. Dazu zählen Nachnamen wie „Dick" oder „Krause", die die Eigenschaften verschiedener Personen beschrieben. Zuletzt gab es noch die Ableitung aus Ortsnamen. Hierzu zählen Nachnamen wie „Bayer" oder „Nürnberger".

Na, war euer Nachname dabei? Zu Beginn des Mittelalters gab es übrigens nur Vornamen. Man wohnte in kleinen Dörfern zusammen und jeder kannte jeden. Erst als die Leute anfingen herumzureisen und Handel zu treiben, wurden Nachnamen wichtig. So konnte man immer seine Herkunft anzeigen.

Gesetze: Kurioses aus dem Gesetzbuch

Das Mittelalter findet sich immer mal wieder auf kuriose Weise in unserer heutigen Zeit wieder. So auch in diesem mittelalterlichen Gesetz, das auch heute noch gilt:

Es ist verboten, im englischen Parlamentsgebäude in Ritterrüstung herumzulaufen. Dieses Gesetz stammt aus dem Jahr 1279. So wollte man Ruhestörungen durch das laute Klappern der Rüstungen verhindern. Ein weiteres Überbleibsel aus dem Mittelalter sind zwei rote Linien auf dem Boden des Parlaments. Eine verläuft vor der Bank der Regierung und eine vor der Bank der Opposition. Bei Sitzungen dürfen die Abgeordneten die Linien nicht übertreten. Der Abstand zwischen den beiden Linien beträgt – zwei Schwertlängen! So sollten blutige Auseinandersetzungen vermieden werden.

Mittelalterliche Gesetze waren häufig strenger als unsere heutigen Gesetze. So wurde Dieben die Hand abgeschlagen und viele Verbrechen wurden mit dem Tod bestraft.

Sprache: Reihenweise Redewendungen

Habt ihr schon mal die Redewendung „auf dem Holzweg sein“ gehört? Das bedeutet, dass man sich auf dem falschen Weg befindet oder dass man sich irrt. Doch woher kommt diese Redewendung?

Sie stammt aus dem Mittelalter! Damals wurden in den Wäldern Wege aus Holz ausgelegt. Über diese Wege konnten die Holzfäller schnell zu den Stellen gelangen, wo sie Holz fällen wollten. Wenn ein unwissender Wanderer diesem Weg folgte, landete er nicht in der nächsten Stadt – sondern mitten im Wald. Er war einem Irrweg gefolgt!

Viele unserer heutigen Redewendungen stammen übrigens aus dem Mittelalter. Im Mittelalter wurden gerne Metaphern und bildreiche Sprachen genutzt.

Sagen: Der Rattenfänger von Hameln

Habt ihr schon mal vom Rattenfänger von Hameln gehört? Es heißt, dass er um 1284 die Ratten der Stadt Hameln loswerden sollte. Er lockte die Ratten mit einer Flöte aus der Stadt. Doch als er dafür keinen Lohn erhielt, kam er wieder in die Stadt und entführte alle Kinder – indem er sie mit der Flöte aus der Stadt lockte. Hat diese Sage einen wahren Kern?

Im Mittelalter gab es tatsächlich Rattenfänger, die von Ort zu Ort zogen. Aber eine Flöte war kein effektives Mittel gegen die Tiere – man nutzte Gift. Ende des 13. Jahrhunderts zogen Männer durch die Städte, die junge Burschen anwarben, damit diese mit nach Osteuropa zum Arbeiten kamen – vielleicht stammt daher die Sage vom Rattenfänger und den entführten Kindern.

Tatsächlich hatten im Mittelalter viele Dörfer Rattenprobleme. Die Tierchen übertrugen auch die Pest und verursachten so den Tod zahlreicher Menschen.

Erfindungen: Eine kleine Geschichte des Knopfs

Knöpfe gab es doch schon in der Antike. Was hat das Ganze mit dem Mittelalter zu tun? Ganz einfach: Ein wichtiger Zusatz zum Knopf wurde erst im Mittelalter erfunden – das Knopfloch!

Und wie funktionierten dann die alten Knöpfe, die nicht in ein Knopfloch gesteckt werden konnten? Die Antwort lautet: Gar nicht! In der Antike waren Knöpfe nur eine Dekoration. Zugehalten wurde die Kleidung mit Bändern.

Um das 13. Jahrhundert wurde dann aber das Loch für den Knopf erfunden und der neuen Mode stand nichts mehr im Weg. Frauen konnten ihre Kleider nun einfach zusammenknöpfen und mussten nicht mehr aufwendige Bänder binden. Und durch die riesige Materialauswahl für Knöpfe war wirklich für jeden Geschmack etwas dabei!

Wikinger: Der Zwiebellook

Ihr habt sicherlich eine Vorstellung davon, wie Wikinger aussehen. Aber was ist dran? Wie viel davon stimmt und was ist nur ein Gerücht? So war es wirklich:

Wikingern war es sehr wichtig, dass ihre Kleidung warm und bequem war. Dazu zogen sie meist mehrere Kleidungsschichten übereinander an – wie die Hautschichten einer Zwiebel. Wenn ihnen dann warm wurde, streiften sie einfach eine Schicht nach der anderen ab. Außerdem trugen die Wikinger gerne Gold- und Silberschmuck. Bei Ausgrabungen fand man Halsringe, die mehr als ein Kilo wogen! Zuletzt bleibt noch die Frage nach den berühmten Wikingerhelmen. Diese wurden tatsächlich bei keiner Ausgrabung gefunden. Sie scheinen eine bloße Erfindung der Neuzeit zu sein.

Vermutlich spiegelten die Kleidung und der Schmuck der Wikinger ihre gesellschaftliche Stellung wider. Mit schöner Kleidung und teurem Schmuck beeindruckten sie einander und andere.

Ritter: Vom mittelalterlichen Turnierplatz direkt in die neuzeitliche Militärkaserne

Ihr kennt sicherlich die noch heute gültige Praxis des Salutierens beim Militär. Das ist ein militärischer Gruß, bei dem man die Hand an die Schläfe anlegt. Das zeugt von gegenseitiger Ehrung. Doch woher kommt diese Praxis eigentlich?

Tatsächlich stammt sie aus dem Mittelalter! Doch damals wurde sie weder zum Gruß noch im Militär verwendet. Wofür war das Salutieren dann gut? Die Handbewegung kommt von Rittern, die so das Visier ihres Helmes öffneten. Die Ritter öffneten das Visier vor Ritterturnieren, um sich gegenseitig ihr Gesicht zu zeigen.

Auf mittelalterlichen Turnieren kämpften verschiedene Ritter auf ihren Pferden gegeneinander. Dabei ging es nicht um einen richtigen Kampf, sondern eher um eine Vorführung. Dieses Spektakel war bei allen sehr beliebt.

Mönche: Das Skriptorium

Wie war das eigentlich vor dem Buchdruck? Gab es von jedem Buch nur ein Exemplar, das von Person zu Person wanderte? Oder musste ein Autor dasselbe Buch wieder und wieder schreiben?

Vor dem Buchdruck entstand die „Kopie“ eines Buches im sogenannten Skriptorium eines Klosters. Darin saßen Mönche, die die Bücher wieder und wieder abschrieben, um sie zu vervielfältigen. Und so schrieben und schrieben und schrieben diese Mönche tagein und tagaus Bücher ab. Daher kommt auch der Begriff „Handschrift“ – denn diese Schriften wurden alle per Hand erstellt. Die Mönche mussten übrigens sehr aufmerksam sein und durften sich keine Fehler erlauben. Bei größeren Fehlern mussten sie nämlich die ganze Seite noch mal abschreiben.

Mönche waren ein wichtiger Bestandteil der mittelalterlichen Ständegesellschaft.